雨花台烈士传丛书

杨峻德传

周小川 著

江苏人民出版社

图书在版编目(CIP)数据

杨峻德传 / 周小川著. -- 南京:江苏人民出版社,
2021.12
ISBN 978-7-214-26448-0

Ⅰ.①杨… Ⅱ.①周… Ⅲ.①杨峻德(1900-1931)
-传记 Ⅳ.①K827=6

中国版本图书馆 CIP 数据核字(2021)第 161349 号

书　　　名	雨花台烈士传丛书——杨峻德传
著　　　者	周小川
特约审稿	朱梅燕
责任编辑	陈　颖　王暮涵
特约编辑	贾　茹
装帧设计	刘亭亭
责任监制	王　娟　钱　晨
出版发行	江苏人民出版社
地　　　址	南京市湖南路 1 号 A 楼,邮编:210009
照　　　排	江苏凤凰制版有限公司
印　　　刷	南京艺中印务有限公司
开　　　本	718 毫米×1 000 毫米　1/16
印　　　张	9.5　插页 2
字　　　数	133 千字
版　　　次	2021 年 12 月第 1 版
印　　　次	2021 年 12 月第 1 次印刷
标准书号	ISBN 978-7-214-26448-0
定　　　价	34.00 元

(江苏人民出版社图书凡印装错误可向承印厂调换)

《雨花台烈士传丛书》编委会

主　任　张爱军

副主任　梁　勇　邢光龙　陈　勇

编　委　张爱军　梁　勇　邢光龙　陈　勇
　　　　杨中华　彭振刚　徐　春　肖兆权
　　　　赵永艳　杨永清

主　编　杨中华

副主编　田艳丽　姚江婴　杨　洪

目 录

引　子 /001

第一章　闽源少年 /003
　　克宽克仁 /003
　　独占魁首 /006

第二章　风华正茂 /016
　　梨山击楫 /016
　　克明峻德 /024
　　青春作伴 /030

第三章　求学中大 /037
　　报考大学 /037
　　校园生活 /046
　　真理光芒 /060
　　创办《建声》 /069

第四章　八闽潮涌 /080
　　迎接北伐 /080
　　建瓯支部 /089
　　受命福州 /097
　　征战闽北 /109

调任省委	/121
第五章　热血忠魂	**/129**
身陷囹圄	/129
狱中斗争	/133
尾　声	**/136**
主要参考资料	**/139**
后　记	**/144**

引 子

福建北部,闽江源头,武夷东南,鹫峰西北,有一座古城已在此屹立千年,这就是被誉为"八闽首府""闽国古都"的建瓯。

千年建瓯,孕育了千古文化。"清于官,美于俗。"这是朱熹对建瓯的印象。自唐至清,建瓯人才辈出,素有"千进士,六状元,十宰辅"之称。被称为"国朝第一作手"的金代文学家吴激、使"数千年事迹经纬明析"的南宋史学家袁枢、明代内阁首辅杨荣等一大批文史大家、廉官贤臣在建瓯历史上熠熠生辉。

千年建瓯,涵养了英雄情怀。五代十国之际,群雄割据,杀伐不断,成王与败寇,往往就在朝夕之间。南唐军队攻破建州之时,欲将城内百姓全部屠杀。生死一线之际,练氏夫人不以一家为念,成功劝阻南唐军屠城,终得全城百姓平安。

千年建瓯,传承了斗争精神。光绪二十五年(1899),"建宁教案"爆发,为反抗互相勾结的清政府和洋人,建瓯民众同仇敌忾,全城罢市,砸毁教堂，反抗活动绵延数月，震惊中外。

辛亥革命后，中华民国成立。但辛亥革命只是推翻了君主专制制度，中国很快陷入军阀混战的局面。内乱不止，外患丛生。面对一盘散沙、腐朽没落的中国，帝国主义妄图蚕食鲸吞，置之于死地。泱泱中华，濒于亡国灭种之境地！古城建瓯，也在呼唤着自己的英雄。

"乔木亭亭倚盖苍，栉风沐雨自担当。"面对数千年未有之大变局，谋求民族之独立、国家之富强的千钧重担，历史性地落到了青年人的肩上。五四运动，万千热血青年登上历史舞台，高擎思想旗帜，积蓄蓬勃力量，吹响时代号角。

1921，辛酉盛夏。嘉兴南湖，红船起航。中国共产党诞生了，这是开天辟地的大事变。从此亿万劳苦大众，迎来了领路人和主心骨。数年之后，八闽之源，善建之瓯，终于盼来了自己的英雄。

第一章
闽源少年

克宽克仁

建瓯,古称建安、建州,是福建省最早的五个建制县之一,福建之"建"字即来源于此。东汉建安元年(196),闽地初设建安、南平等县,此为设县之始。唐武德四年(621),设立建州,治所在建安,为福建第一州。唐开元二十一年(733),设福建经略使,"福建"一词即取"福州""建州"首字而得。五代后梁开平三年(909),王审知受封闽王,先定都于长乐(今福州),后定都于建州(今建瓯)。后晋天福八年(943),王审知之子王延政在建州称帝,定国号为殷。北宋治平三年(1066),增设瓯宁县。南宋绍兴三十二年(1162),改建州为建宁府,治建安、瓯宁,成为闽北政治、经济、文化中心。1913年,裁建宁府,合并所属建安、瓯宁两县,称为建瓯,是为"建瓯"之始。

吉阳位于建瓯西北部,西接顺昌,北靠建阳,地势自西向东倾斜,形似虎状,以出产泽泻①而闻名于福建内外。清代陈藩撰《吉阳里志》记载:"泽泻各乡俱有,惟吉阳者佳,以其大且实也,通各省。"②

近代以来,建瓯泽泻远销省外,"建吉泻"更属上乘佳品。每年上海泽泻上市交易时,一定要等到"建吉泻"到后,看产量、成色,再行定价。除泽泻外,吉阳里还出产红莲、笋干、苎麻等。丰富的物产,勤劳的乡民,使得这座僻处闽北山区的小圩市"商业繁荣,经济活跃,为瓯辖各集之冠,素有'小香港'之称"③。

吉阳有上、下街之分。上街为一条长街,有十八支巷。下街比上街面积大,人口将近多一倍,有五街六巷。最热闹的是前街,商店鳞次栉比,每逢农历初五、初十墟日,前来赶集的人摩肩接踵,把整条街道挤得水泄不通。

相比于前街的繁华与喧嚣,后街就安静了一些。沿着青石路来到溪巷3号小院,一栋木质结构的房子呈现在眼前。斑驳的砖瓦、泛黄的墙壁与破旧的木门,仿佛在诉说着多年以前这个小院里曾经发生的一切……

小院的男主人名叫杨荣升,老实本分,粗识文字。杨荣升早年曾在一家远房亲戚开的银店中当学徒,手艺学成后回到吉阳,在自家祖屋开了个小作坊。建瓯民间历来喜金银首饰,特别是男婚女嫁,小儿过周岁,都会打制一两件金银饰。④

打制金银首饰是一项非常精细的工艺,从下料、锻打、成型、焊接到最后的研磨,每一道工序杨荣升都做得一丝不苟、精益求精,时间久了,便在吉阳当地积攒了不小的名气。杨妻名叫张玉仙,善良贤惠,在丈夫劳作时,她总是能够把家务打理得井井有条。

---

① 泽泻,多年生沼泽草本植物,地下块状茎可供药用。
② 转引自薛松《话说国医·福建卷》,第199页,河南科学技术出版社,2017。
③ 陈芑村:《解放前的吉阳集镇》,《建瓯文史资料》第4辑,第123页,内部发行,1983。
④ 参见林桂芳《建瓯市手工业发展史》,《建瓯文史资料》第19辑,第91页,内部发行,1994。

清光绪二十六年（1900），杨家夫妇迎来了他们的第二个儿子。这对于讲究"多子多福"的国人来说，着实是件大喜事。杨荣升很快就给孩子取好了名字：杨克宽。之所以取这个名字，是因长子名叫杨克仁，源于《尚书》中的"克宽克仁，彰信兆民"一语，意即为政者要宽厚仁爱，要对亿万百姓昭示诚信。杨荣升希望自己的儿子长大后能取得功名，出人头地。杨克宽就是本书的传主杨峻德。

杨克宽出生的这一年，古老的中国在腐朽昏聩的清政府统治下，遭受着西方列强的掠夺与欺辱。继鸦片战争以来的割地赔款、通商开埠后，这一年，八国联军借镇压义和团运动之机侵入北京城，烧杀抢掠，无恶不作。慈禧太后一面狼狈西逃，一面派人向列强乞和。在发布"惩处肇祸诸臣"的上谕后，终于获得了与列强和谈的机会。1901年9月，即农历辛丑年七月，清政府与英、美等十一国签订了被认为是中国近代史上丧失主权最严重的不平等条约，史称《辛丑条约》。从此，中国完全沦为半殖民地半封建社会。

在福建，随着福州、厦门开埠，以洋行和其豢养的买办势力为代表的外国资本主义势力纷纷侵入全省各地，地处闽北山区的建瓯亦难以幸免。在这里，洋行一方面将大量的廉价商品，诸如洋油、洋火、洋布、水泥等物资倾销城乡市场，使得大量白银外流，成千上万的农民、家庭手工业者破产，破坏了当地长期以来自给自足的自然经济；另一方面又大肆掠夺铁、木、竹、棕等资源，严重破坏了当地工商业的发展进程。更可恶的是，洋行还贩卖大量鸦片。鸦片吸食者的身心健康遭受到极大摧残，变卖家产、妻离子散者十之有九。

随着中国彻底沦为半殖民地半封建社会，受帝国主义扶持的封建官僚资本和买办资本，又给苦难深重的建瓯人民套上了一层枷锁。当时的建瓯和全国各地一样，各种苛捐杂税多如牛毛，农民和小手工业者苦不堪言。"清末，杂税有12种，杂捐70多项。""杂捐收捐对象几乎无所不包，凡人民财产、经营收益、运销中的货物和日用消费品等无不纳捐。"[①]

---

① 福州市地方志编纂委员会编：《福州市志》第5册，第542—543页，方志出版社，1999。

杨荣升同样深受其害。自作坊开业以后,照例要供给官府一切苛捐杂税,同时还要供给一些特别捐税,如乡镇的团防捐、警察捐之类。各种名目的捐税,使得杨荣升原本微薄的收入更加有限,好在他用的自家房屋,倒也省去一大笔开销。这样一年劳作下来,生活虽不丰裕,倒也衣食无忧。

时光在杨荣升每天打制首饰的"叮叮当当"声中悄然流逝。不知不觉间,杨家两兄弟已经长大。两个妹妹的相继出生,也让杨家小院更加热闹。随着家里陆续添丁进口,生活的负担也逐渐让这个男人感受到了压力。好在张玉仙性格坚韧,善于操持家务,把全家人的吃穿用度都处理得十分妥帖。生活的艰辛、父母的不易,使得杨家的几个孩子都养成了不畏艰难、积极向上的良好品格。

独占魁首

闽北自古重学。西晋永嘉年间(307—313),闽北私塾始现。唐以后,官学、书院、私塾为主要办学形式。及至南宋,闽北教育事业发展进入高峰,各县均建官学,书院大行其道,尤以朱熹理学为盛,并形成闽学流派。至明、清两代,"私塾遍及闽北穷乡僻壤,建宁府'耕且读者,十家而五六'"①。

及至清末,教育制度改革肇始。光绪二十九年十一月(1904 年 1 月),清政府颁布《奏定学堂章程》,即"癸卯学制",成为中国第一个在全国范围公布并实施的学制,推动了新式教育的发展。光绪三十一年(1905),清政府彻底废止了延续 1300 多年的科举制度。在此背景下,建宁府所辖各县纷纷改官学、书院为新式中、小学堂,采用新学制和新课程,教授实学事务知识。然而"闽北山区由于基础落后,办学条件远不及闽东南沿海地区,小学堂和中学堂都是以前的官学、书院匆匆改

① 南平市地方志编纂委员会编:《南平地区志》第 3 册,第 2054 页,方志出版社,2004。

造而来,私塾仍是主要的文化启蒙场所"①。

各地私塾的教学质量存在很大差距,不少私塾因塾师知识浅陋,常常是"春满堂,夏一半,秋零落,各自散"。因而被家长戏称为"涝水学"。私塾中也有较好者,建瓯"千进士,六状元"之美誉,私塾功劳不可或缺。私塾无论优劣,共同的特点便是塾师都比较严厉,动辄体罚学童,以至于闽北有民谚说:"一片无情竹,不打书不熟,父母要溺爱,不要送来读。"②杨荣升认同塾师的做法,认为这是对学童负责任的表现。

吉阳街上,有一陈姓先生开设的私塾。陈先生秀才出身,后返乡居家开塾。他学识渊博,以严厉著称,对于学习不用功的学童,轻者罚站,重者用戒尺打手掌心。凡在他这里就学的孩童,没有不被责罚过的。正所谓严师出高徒,在其严格管教下,也有刻苦用功而最终取得功名者。

为了让杨克宽早日接受教育,杨荣升决定让其正式拜陈先生为师。当时给塾师的"贽见"礼,"一般用红纸包封几角或一元,还有敬孔子的贡品、香烛纸帛,点燃香烛,摆上贡品,儿童先向'大成至圣先孔子'神像行跪拜礼,再向老师叩头"。第一天还有个"开笔"的小仪式,"取一根葱,一棵芹菜,取聪明、勤奋之意。椅子上还放一张薄饼,儿童坐在上面,薄饼粘住屁股,使儿童日后能安坐读书,接着老师手把手在红字簿上写一页,'开笔'仪式便告完成"。"开笔"之后,"等到正月十五私塾就开学了"。③

杨克宽读的第一本书是《三字经》,这本书用三字一句的押韵短语,讲述了历史、天文、地理、道德及一些民间传说,文字精练、朗朗上口,历来便有"熟读《三字经》,可知千古事"之说。杨克宽自小便十分聪明,每日所学都能够很快背诵下来,这让陈先生很是满意。

在陈先生的私塾里,既有像杨克宽这样的刚入塾者,也有已经读

---

① 涂怀京主编:《闽北教育史探论》,第133页,吉林人民出版社,2012。
② 南平市地方志编纂委员会编:《南平地区志》第3册,第2055页,方志出版社,2004。
③ 陈子荫、叶文成:《建瓯清末民初的私塾》,《建瓯文史资料》第19辑,第79页,内部发行,1994。

了一两年的孩童,因此在教学时,或一个人一个进度,或两三个人一个进度。先生教授某个学童时,就会安排其他学童写字。杨克宽时常在陈先生教授其他学童时,默默地跟着背诵,时间一长,也记住了不少新知识。

某日,陈先生让一个年龄大点的学童背诵昨日学习的课程。只见他摇头晃脑地背诵了一段后,就结结巴巴地背不下去了。见此情景,正在一旁习字的杨克宽停下笔来,小声地提醒了他一句。他的这个小动作,被一旁的陈先生发现了,于是便板着脸问杨克宽在低语什么。杨克宽只好老老实实地回答,自己只是想提醒一下那个学童。

刚刚还面有愠色的陈先生听了之后,脸上的肌肉似乎放松了一些,他没想到这个刚入塾的小童如此好学聪慧。然而,这位以严厉著称的老夫子,并没有因此而表扬杨克宽,反而严厉责罚了他这种一心二用的行为。从此之后,在教授课程时,陈先生对杨克宽格外用心。

在陈先生的严格教育下,杨克宽从背诵《三字经》《百家姓》《千字文》开始,逐步扩大到《幼学琼林》《增广贤文》等杂书。一般而言,大多数塾师只会逐字教学童死记硬背,并不作讲解,偏偏杨克宽"不欲背诵死书"①,遇到自己不解的问题,便会大胆请教陈先生,而陈先生也会一改往日的严苛,予以耐心解读。陈先生特别注重对基本功的训练,比如写字,从填红、仿影(写蒙格)、描红再到临帖,每一个步骤都扎扎实实、一丝不苟。经过日积月累的训练,杨克宽练得了一手好字。

清光绪三十四年(1908),深居山区的吉阳学童终于迎来了进入新式学堂就学的希望。是年夏秋之际,就职于瓯宁县衙的吉阳人冯道南②受各地开设中小学堂新风的影响,倡议由其出资开设"两等小学堂"③,并由时任瓯宁县令陈巽呈报福建提学使署批准。10月,学堂获准设立,并由冯道南担任堂长。根据福建提学使署的意见,结合吉阳的

---

① 杨敬村:《杨峻德烈士传略》,《建瓯文史资料》第1辑,第1页,内部发行,1980。
② 冯道南,建瓯吉阳人,清末曾任职瓯宁县衙,民国初年任建瓯县议会议员。
③ 清末开设小学堂,分初等和高等,合并设立者称两等小学堂,负责人称堂长,主持学堂教育事务。辛亥革命后,南京临时政府将清朝学堂改称学校,堂长也随之改称校长。

实际情况,冯道南决定先行开设吉阳初等小学堂,待条件成熟时,再开设高等小学堂。

1908年秋冬之际,吉阳初等小学堂招生①的消息传遍了大街小巷。此时的杨克宽已经在陈先生的私塾里度过了几个春秋。得知这一消息后,他向父亲表达了想去新式学堂就读的想法。尽管杨荣升一直希望自己的儿子将来能够考取功名,出人头地,但自从朝廷废除科举制度后,这个常年和金银首饰打交道的老实人似乎对于儿子的未来感到迷茫起来。于是,他让长子杨克仁结束在私塾的学习,回到家

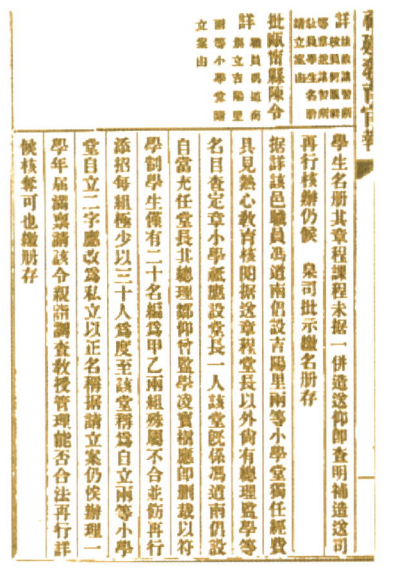

《福建教育官报》第四期关于创立吉阳里两等小学堂的记载

中跟着自己学习技艺。如无意外的话,杨克宽本也会像哥哥一样。因此,当听到小儿子想去新式学堂学习的想法时,杨荣升似乎有点不太相信这个孩子已经有了主见。

杨荣升犹豫了,他不清楚这个新式学堂和以往的私塾有什么不同,是否还能考取功名。但是看到儿子的想法如此坚定,也就同意了。杨荣升看着一脸兴奋劲儿的杨克宽心里想,总不能让两个儿子都当金银匠吧。

很快就到吉阳初等小学堂报名的日子了。当天,杨克宽欢欢喜喜地跟着杨荣升前去报名。当负责报名的教员让每位学生在姓名簿上写下自己的名字时,杨克宽拿起毛笔,毫不犹豫地写下了"杨占魁"三个字。一旁的父亲连忙提醒着儿子的笔误,杨克宽回答道:读书人都希望独占魁首,自己以后就改叫这个名字。在签下这个新名字后,杨克宽成

---

① 《奏定各学堂管理通则》规定:每年以正月二十日开学,至小暑节散学为第一学期;立秋后六日开学,至十二月十五日散学为第二学期。

了吉阳初等小学堂第一届20多名学生中的一员。此后,学堂的教员和同学们都叫他"杨占魁"。

进入新式学堂,杨占魁感到十分新鲜。这里和私塾最大的不同是开设了多门课程,任课教员也不再只由一人担任。按照"癸卯学制",初等小学堂应开设8科,即修身、读经讲经、中国文字、算术、历史、地理、格致、体操,此为完全学科。并可视地方之情形,加图画、手工作为随意科目。完全学科每星期授课30小时。对于"乡民贫瘠、师儒稀少地方"也作了变通,"应另定简易科,其科目凡五:一、修身、读经合为一科(即于讲经时带讲修身),二、中国文字科,三、历史、地理、格致合为一科,视其师能讲何门,即专讲此一门,四、算术,五、体操"①。创建之初的吉阳初等小学堂因为经费和师资问题,便只开设了简易科,因此每星期仅授课26小时。

"癸卯学制"在引入国外"公民教育""科学技术教育"的同时,也进一步加强了对学生进行"忠君""尊孔"等封建教育宗旨的灌输。凡遇皇太后、皇帝和孔子诞辰都要举行典礼。在课时上,简易科修身、读经课每星期授课即占有14小时,表明了清政府虽提倡新学,却并没有放松对学生的思想禁锢。这对于努力追求新事物的杨占魁来说,无疑是一种束缚。

将历史、地理、格致合而为一进行教授的课程,是杨占魁最感兴趣的课程。在此一科,教员讲授了中国和其他五洲主要国家的疆域大略、山川地形、风土人情,使杨占魁打开了眼界,破除了"乡曲偏陋之见",此为地理;教员介绍了动物、植物、矿物的大致形象、特征以及与人类之关系,使杨占魁明白了人类之发展进步离不开自然,此为格致;在教授历史一科时,教员回顾中华文明五千多年来取得辉煌成就时的自豪之情,抒发鸦片战争以来西方列强欺辱蚕食中国时的愤怒之情,怀念练氏夫人舍身拯救建宁城、文天祥在南剑州开府聚兵抗元的敬仰之情,

① 璩鑫圭、唐良炎编:《中国近代教育史资料汇编 学制演变》,第302—303页,上海教育出版社,2007。

给杨占魁以极大的冲击和震撼,并在他幼小的心灵里深深埋下了发奋图强、救民于水火的种子。

1911年10月10日夜,武昌城中一声枪响,揭开了辛亥革命的序幕。延续了两千多年的封建专制制度,由此土崩瓦解。武昌首义后,各省革命党人纷纷发动起义响应,反清的革命浪潮激荡全国。

武昌首义后,福建各地的革命党人都加紧了起义的准备工作,一时之间,革命形势空前高涨。11月9日拂晓,由革命党人策反的福建新军第十镇统制孙道仁在福州宣布起义,并命令起义部队炮击福州将军衙门。经过激烈战斗,杀死福州将军朴寿,闽浙总督松寿见大势已去,在城内吞金自杀。清军八旗都统胜恩"遂率全体旗兵向指挥部请求缴械投诚"[①]。当天,福州宣告光复。13日,福建军政府正式成立。

福建军政府成立的消息传到建瓯后,已在建瓯秘密进行革命活动数年的革命党人,借延建邵道巡防统领徐镜清率兵支援福州(徐部在到达福州洪山桥时亦反戈投向革命)之际,由"朱剑鸣[②]等向把总洪耀臣、保甲局负责人郑镜轩(均建瓯人)联系举事,建宁府[③]兵不血刃,宣告光复,街头贴出闽都督孙道仁的安民告示"[④]。

建瓯光复后的第二日清早,在去往学堂的街上,杨占魁看到一群人围在一起看着什么,他好奇地走上前,原来是有人正在为大家念一份布告:

布告全闽叔伯兄弟文

我福建伯叔兄弟受满清残虐,于今二百余年矣。纵虎狼之官吏,以掠我资财;定苛细之法律,以戕我身命;朘削民财,伪行新政;

---

① 卢月波:《福州辛亥革命点滴回忆》,《福建文史资料》第6辑,第103页,福建人民出版社,1981。
② 朱剑鸣,字星轩,建瓯人。1906年,同盟会福建支部派人来建宁府筹设党部时,朱剑鸣等人加入同盟会,后在当地秘密开展革命活动。
③ 建宁府在1913年裁撤前府衙,与建安、瓯宁县衙同驻一城,故建瓯有"一城三府"之说。
④ 杨旺泉:《民初纪事》,《建瓯文史资料》第16辑,第40页,内部发行,1991。

天下骚动,人不聊生。本都督奉中华民国军政府之命,举义旗以救民于水火,不及三日,望风归顺。本都督德薄能浅,其何以堪?惟有革除弊政,启导新机,以副我同胞伯叔兄弟之仰望而已。

自今日始,厘金及清宣统二年以前旧欠钱粮,已悉数豁免;本军政府所希望者:在轻减人民负担,酌量本省财力,以供行政要用。满洲政府所设审判制度,另行改正,民间诉讼,暂时仍归地方长官或已设审判厅管理。凡百政事,有益于民者,当次第实行;力袪因循粉饰之弊。

呜呼!我同胞伯叔兄弟,尚其振尔精神,新尔道德!察当今之大势,求知识于世界,以作共和政治之准备,植我中华民国无疆之基,则本都督深所望也。

在读布告过程中,杨占魁留意到了人群中的反应,有人兴奋地说,福建光复了!也有人唉声叹气道,大清要亡了……看了布告上的内容以及众人的表现,杨占魁明白了,那个统治中国两百余年的清政权,终于要倒台了。他抑制不住自己内心的喜悦,三步并作两步地跑回家,把这个好消息告诉了家人。他原本以为父亲会和自己一样高兴,谁知杨荣升听了之后只是淡淡地说了一句:"知道了,你快些去学堂吧。"父亲的反应未免让他有些失望。

杨占魁挎着书袋又出了家门,此时的街上已经热闹起来了。之前还长吁短叹的一些人已不知躲到哪里去了,举目望去,到处都是笑容满面的人。他们兴奋地谈论着布告上的内容,似乎对未来充满了希望。不远处,还响起了阵阵鞭炮声。看着这一切,刚才杨占魁心中的那一丝失望,很快就被冲到九霄云外去了。

吉阳初等小学堂离家只有几分钟的路程,然而今天杨占魁却走了足足有一刻钟。当他刚坐下来,历史教员就兴冲冲地走了进来。他满脸洋溢着灿烂的笑容,大声对大家说道:"同学们!福建光复了!清政府就要灭亡了!"只见他在说这话的时候,从书本中拿出了一把剪刀。杨占魁正在纳闷教员拿剪刀做什么,教员接着说:"同学们,当年清军逼迫我们剃发蓄辫,今天,我们就要把这辫子给剪了!"话音未落,只听见

"咔嚓"一声,教员已经将自己的辫子剪了一大截下来。然后,他眼中饱含着期许的目光,对大家说道:"你们有谁愿意把自己的辫子给剪了?"教员说完后,刚才还闹哄哄的教室突然间变得鸦雀无声。

就在大家你瞅瞅我、我瞅瞅你的时候,杨占魁站了起来,说道:"先生,我来。"他的声音并不大,却透着满满的坚定。杨占魁大步走到了教员身前,请他帮自己把辫子剪了下来。就在那一刻,他觉得自己身上似乎卸下了千钧重负。在杨占魁的带动下,有几个胆子大的学生也跟着剪了辫子。当然,大部分的学生依旧坐在自己的座位上,与之前不同的是,此时的他们,眼里却多了份钦佩与羡慕。

当天散学归来,杨占魁昂首挺胸地迈进了家门,并有意地向哥哥妹妹炫耀着自己的新发型,并鼓动杨克仁也把辫子剪了。杨荣升看见了,就斥责他们胡闹。杨占魁见父亲不是很高兴,很是不解,便上前恭敬地问父亲,早上听到福建光复的喜讯后,为什么没有一丝的喜悦之色。杨荣升明白儿子想说什么,他回答道:"从古至今,皇帝换了多少个,可是对咱们老百姓来说,又有什么区别呢?辫子剪掉容易,可要想再长起来,就难了。"父亲的一席话,给年幼的杨占魁留下了深刻的印象。

过了一段时间,随着吉阳街上剪去辫子的人越来越多,不剪辫子的人,倒似乎成了异类。于是在家人的劝说下,杨荣升终于剪掉了自己的辫子。

1912年1月1日,孙中山在南京就任临时大总统,宣告了中华民国的诞生。中华民国诞生后,南京临时政府颁布了一系列政策法令,如:禁止和废除刑讯、跪拜、吸食鸦片、缠足、蓄辫等秕政恶习,促进了社会的进步。

在教育方面,9月2日,北京教育部颁布《教育部公布教育宗旨令》,提出要"注重道德教育,以实利教育、军国民教育辅之,更以美感教育完成其道德"[①]。28日,颁布《教育部公布小学校令》《教育部公布中

---

① 冯克诚总主编:《戊戌维新和辛亥革命时期的教育思想与论著选读》,第99页,人民武警出版社,2011。

学校令》,此后又颁布了各级各类学校法令,到1913年,逐步形成系统的教育法令,史称"壬子癸丑学制"。

根据新的学制,"小学教育以留意儿童身心之发育、培养国民道德之基础、并授以生活所需之技能为宗旨"①。在课程设置上,初等小学设修身、国文、算术、手工、图画、唱歌、体操,女子加设缝纫。课时上,初等小学每周为22至29小时。与清末癸卯学制相比,新学制取消了读经课,否定了"忠君""尊孔"思想,同时注重加强培养学生的动手能力,在课时上也略有减少。在学年学期方面,新学制最大的变化是自1913年8月起,"各学校以八月一日为学年之始,以翌年其七月三十一日为学年之终"②。

杨峻德在吉阳初等学堂以最优等第一名毕业后被瓯宁高等学堂录取的捷报(易向农供图)

自新学制实施以来,杨占魁切实感受到了学校的变化。以往,吉阳初等小学堂的修身和读经课是合在一起讲授的,教员教授学生,根本上是围绕"忠君""尊孔"而开展的,学生不仅平时诵读《孝经》《礼记》等必读之经,凡遇皇太后、皇帝和孔夫子诞辰之日,都要随教员行跪拜大礼。新学制实施以来,不仅取消了读经一科,对这些旧规矩也予以废除。

在修身课上,教员除教授学生亲爱、信实、清洁诸德外,为了激发学生对社会、国家的责任,养成爱群爱国的精神,还特别讲述了黄花岗七十二烈士中部分革命志士的英雄事迹。通过教员的讲授,杨占魁对以林觉民为代

---

① 王建军:《中国教育史新编》,第290页,广东高等教育出版社,2003。
② 王学珍、张万仓编:《北京高等教育文献资料选编 1861—1948》,第301页,首都师范大学出版社,2004。

表的革命党人"只要革除暴政,建立共和,能使国家安强,则死也瞑目"的大无畏精神无比钦佩。也许是由于同为福建人的缘故,小小年纪的杨占魁就以"面貌如玉、心肠如铁、心地光明如雪,也称得上奇男子"[①]的林觉民为自己的榜样,从小立志,"要打尽天下不平事"[②]。

1913年初春,杨占魁以最优等第一名从吉阳初等小学堂毕业。原本要到第二年此时才能毕业的他,因为新学制将初等小学的教育年限由原来的5年调整为4年而提前毕业。但是这一调整在杨占魁的一些同学中并没有受到欢迎,因为这意味着如果想继续读高等小学,他们将不得不提前一年前往70多里外的瓯宁县城。然而杨占魁并不在意,他认为这样反而可以早早接触外面的世界。

[①] 王晓华、俞前:《秀才造反与民国创立》,第124页,上海人民出版社,2011。
[②] 杨敬村:《杨峻德烈士传略》,《建瓯文史资料》第1辑,第1页,内部发行,1980。

第二章 风华正茂

梨山击楫

1913年8月,杨占魁进入建瓯两等小学高等班就读。建瓯两等小学的前身,是创办于1906年的建安高等小学堂。1905年,清政府废除了延续1000多年的科举制,决定创办新式学堂,开展新式教育。次年,建宁府奉令施行学校教育,在城内开设建安、瓯宁两所高等小学堂。建校之初,建安高等小学堂"校舍之基础以该邑之尊经阁及乡贤名宦两祠合并改造,地盘宽广,规模亦具"①。

1913年3月中下旬,经国民政府内务部照准,福建省裁撤建宁府,

---
① 萨君陆:《光绪三十四年上学期调查建安瓯宁两县学务报告》,《福建教育官报》第三期。

建安、瓯宁两县合并为建瓯县,原建安高等小学堂更名为建瓯两等小学,瓯宁高等小学堂另作他用。

"吉阳僻处山区,交通不便,陆不通车,水不通船,进城要步行三十华里到叶坊街乘船,返回时都得步行。"特别是必经之地"牛轭岭",因地势险要,时有劫匪在此处作案。"那时一些有钱的人,要经过这里,都要请来'丘八'接送,其他来回行人,都要预先约好,成群结队通过,人多声势大,侥幸可保平安。"①

遥远的路途,恶劣的交通,使得杨占魁不得不尽量减少回家的次数,因此家里人一度十分担心他能否适应新的环境。好在此时的建瓯两等小学,"校舍宽敞,旷地颇多,教室、宿舍、礼堂、操场应有尽用,而地处梨山西陲、环境幽静"②,条件优越。在这里,杨占魁认识了葛浙荣③和葛湖荣④,他俩是吉阳玉溪村人,而且是同族兄弟,三个小伙子很快便成了无话不谈的好朋友。

杨占魁进入建瓯两等小学高等班就读时,正逢袁世凯为复辟帝制掀起尊孔复古逆流的时期。1914年6月,北洋政府教育部正式下令学校尊孔读经。9月,袁世凯亲率文官官吏,着新式祭服,亲莅北京天坛祭孔。1915年1月,袁世凯制定《教育纲要》,强调"各学校均应崇奉古圣贤以为师法,宜尊孔以端其基,尚孟以致其用",规定"中小学均加读经一科",从而取消了南京临时政府的教育改革,恢复了清末的封建主

---

① 陈苣村:《解放前的吉阳镇》,《建瓯文史资料》第4辑,第124、125页,内部发行,1983。"丘""八"二字合在一起为"兵"字,指当兵的人,是旧社会对兵痞的贬称。
② 林越轩:《建瓯梨山小学三十三年史话》,《建瓯文史资料》第1辑,第109页,内部发行,1980。
③ 葛浙荣(1901—1988),字越溪,建瓯吉阳人。1920年7月毕业于福建省立五中,后考入北京大学文学系。1925年在上海加入中国共产党。1926年受党组织派遣回福建,后被国民党福建省党部派回建瓯工作,12月与杨峻德秘密创建中共建瓯支部,任书记。1927年1月被国民党任命为建瓯县党部筹备处主任,5月在国民党"清党"运动中被通缉,12月任中共福建临时省委委员兼闽北巡视员、建安特委书记兼建瓯县委书记。1928年因组织暴动失败受到福建省委批评后赴上海找党中央申诉,因未找到党中央而滞留上海脱党。1984年自香港回福州,后任福建省文史馆馆员。1988年病故。
④ 葛湖荣,字镜吾,建瓯吉阳人。1920年7月毕业于福建省立五中,后考入道路工程专科学校,曾与杨峻德、葛浙荣等人一起参与建瓯工农运动。1944年9月任建瓯临时参议会参议员,1945年11月任建瓯参议会参议员。

义教育,欲为其复辟帝制打下舆论基础。

在这种歪风邪气影响下,建瓯两等小学的教学自然也受到了波及。首先是恢复了祭孔典礼。当时的祭孔仪式是在建瓯城内文庙举行,由于声势十分浩大,所以参与人员甚多,县知事特命从官学中挑选部分学生参与祭祀,一些学生也以能够参加祭孔为荣耀之事。建瓯两等小学因其官办背景,再加地处城内,自然成为首选。学校对此也十分重视,在得知县公署要求后,便从各年级挑选一些学生进行排演。当教员征询杨占魁是否愿意参加时,他以自己不擅长音乐为由予以婉拒。

杨峻德上学时用过的墨盒,内部刻有"杨占魁"三个字

在恢复祭孔的同时,按照北洋政府教育部的命令,学校又恢复了尊孔读经课程,并以《论语》《孟子》为课本。此外,教员在讲授修身课、国文课时,也大大增加了崇孔内容。在教授方法上,"教学时还是注入式,作文以教师命题为主,较少发挥学生主动性"[1]。对于刚刚在吉阳初等小学堂感受到新式教育的乐趣,渴望接受新知识、新思想的杨占魁来说,如今所接受的尊孔复古教育,就如同嚼蜡一般无滋无味。他将自己的苦恼说与葛浙荣、葛湖荣俩兄弟听,发现他们也有着同样的

[1] 南平市地方志编纂委员会编:《南平地区志》第3册,第2068页,方志出版社,2004。

感受。

好在两等小学高等班开设的课程较以往多了不少。比如修身一门,从第二学年起,便增加了对于民国法制大意的讲授。从这门课上,杨占魁第一次明白了为什么中华民国是亚洲第一个资产阶级共和国,明白了公民的概念、限制条件和参政权利以及"中华民国之主权属于国民全体"的真正内涵①。虽然经历了袁世凯复辟的丑剧,中华民国在现实政治生活中与宪法的规定相去甚远,但是这门课对于公民共和国意识的培养还是有很大的作用。比起动辄"之乎者也"的读经课,杨占魁还是喜欢这门课多一些。

因为回家的路程实在太过遥远,再加上路上并不太平,因此杨占魁和葛浙荣、葛湖荣选择隔一段时间回一趟家,这样每逢星期天,三人便有了空闲时间,要么在学校读书学习,要么结伴出去游玩。三人第一次出去游玩,便选择了建瓯最著名的镇安楼和练氏夫人墓。

建瓯镇安楼最初为城门城楼,五代十国时期,王延政在建州称帝后,将其改建为"五凤楼",以显示"凤集瑞"的帝王气象。此后的千余年时间内,该楼多次损毁,后又重建。清乾隆十九年(1754)重建后,命名为"镇安楼"。经历了160多年的风吹雨打,此时的镇安楼已略显破败,然而望着楼上那高高悬挂的"雄镇南天""恩迎北极"八个遒劲有力的大字,杨占魁他们三人却仿佛看到了这座楼及其曾经的

练氏夫人像

---

① 赖骏楠编著:《宪制道路与中国命运——中国近代宪法文献选编(1840—1949)》上卷,第355页,中央编译出版社,2017。

辉煌。

　　游完了镇安楼,杨占魁一行三人来到了被尊为"芝城之母"的练氏夫人墓。"章仔钧练氏夫人墓,旧府署后芝山。""墓在建宁府署大堂后。清光绪三十一年(1905)大火延烧庐舍数千,府署同归于尽,而夫人墓固无恙也。"①对于练氏夫人的英雄事迹,杨占魁在吉阳初等小学堂听历史教员讲授时,便已十分钦佩。当他和同学一起来到练氏夫人墓前时,发现除了他们三人外,还有一些素不相识的人前来敬拜,这一情景倒是让他颇感意外,为何在千百年后的今日,这个五代时期的贵族妇女,仍然受到建瓯人如此的尊敬?

　　回到学校后,杨占魁就这个疑问请教了校长陈映辉②先生。陈先生对于杨占魁这么小的年纪就能问出这样的问题感到十分高兴,他先讲述了练氏夫人"舍身全城"的英勇事迹,随后又重点讲了这一事迹对于建瓯人民的伟大意义。看到自己的学生听得十分认真,这位杰出的教育家不失时机地对杨占魁讲了一番做人的道理。

　　陈先生的谆谆教诲,让杨占魁明白了人生在世,除了像父亲所期望的那样飞黄腾达、出人头地之外,还可以为了芸芸众生舍身赴义。练氏夫人之所以在她去世千年之后还受到建瓯人民的尊敬与怀念,就在于其在个人私利与全城百姓的大义之间义无反顾地选择了后者。在意识到这一点后,杨占魁感觉豁然开朗。

　　1914年7月第一次世界大战爆发后,中国政府于8月6日宣告中立。日本趁欧洲大国卷入战争旋涡无暇东顾之际,欲攫夺德国在中国的利益,并于8月15日向德国发出最后通牒。在德国未答复的情况下,日本对德宣战,然而其并没有向德国派兵,反而是从胶东半岛登陆,大肆占领中国领土。与此同时,日本还派出军舰到达福州、厦门、吴淞、大沽等地,进行武力恫吓。北洋政府数次抗议,日本毫不理会。

---

①　南平市地方志编纂委员会编:《南平地区志》第3册,第2393页,方志出版社,2004。
②　陈映辉,字碧山,福建建瓯人,清光绪二十八年(1902)举人。1905年建安高等小学堂创办时,主持学务,1927年离任,前后担任校长近20年。陈映辉思想开明,同情革命,曾两次出面斡旋解救中共地下党员,为建瓯革命事业作出了贡献。

1915年1月,日本驻华公使日置益觐见中华民国大总统袁世凯,递交了妄图灭亡中国的"二十一条",并要求袁世凯"迅速商议解决,并守秘密"①。

5月9日,在经历了数月的拖延和交涉后,袁世凯政府最终被迫接受了日本的最后通牒,宣布接受"二十一条"中一至四号的要求,并于5月25日完成签字。

消息一经传出,举国上下群情激愤,皆认为是奇耻大辱。各地爱国团体纷纷集会,拒不承认"二十一条"。爱国青年尤为悲愤,有的愤而自杀,有的断指写血书;有的要求入伍,请缨杀敌。全国教育联合会决定,各学校每年以5月9日为"国耻纪念日"。

消息传到福建后,激起了全省人民的无比愤怒和反抗。福建巡按使许世英题写"击楫",呼吁民众奋起反抗。在建瓯,以建瓯中学堂学生为首,带动全县工农商各界群众进行了声势浩大的抵抗运动。建瓯中学堂学生组成宣传队,高唱"五月九日,五月九日,呜呼我国耻!廿一条件,迫我承认,要求太无理!要求太无理!"的悲壮歌曲上街游行示威,表达自己的愤怒之情。当声势浩大的游行队伍经过建瓯两等小学时,杨占魁与一些同学也加入了游行队伍。爱国学生还组织了检查队,将查获的日货当场焚毁。游行队伍到达临江门路后,学生们组织大家将事先准备好的"国耻纪念碑"竖立起来。

福州西湖公园内的"击楫"石碑

纪念碑竖立起来后,一位学生模样的年轻人站在碑前,发表了激情澎湃的演讲。他告诉大家,正是因为国家的屡弱和政府的无能,才导

① 王芸生编著:《六十年来中国与日本》第6卷,第73页,生活·读书·新知三联书店,1980。

致帝国主义列强在中国国土上肆意妄为。广大学生,不仅要学好文化知识,将来建设国家,更重要的是要团结起来,勿忘国耻,共同反对昏庸的政府和帝国主义反动势力。演讲者铿锵有力的话语,博得了大家的一致赞同。杨占魁虽然是中途加入游行队伍的,但是这次活动对他的触动非常大,以致在此后的很长一段时间内,那位演讲者慷慨陈词的形象始终在他脑海里徘徊。从此以后,杨占魁更加发奋读书,即使是他厌恶的读经课程,他也能取得优异的成绩。

两等小学高等班的三年时光很快就结束了。1916年4月,杨占魁从建瓯两等小学高等班毕业。根据当时的学制规定,学生升级和毕业时,应以学业成绩和操行成绩参酌定之。两类成绩均分为甲、乙、丙、丁四等,其中甲等为80分以上,乙等为70分以上,丙等为60分以上,丁等不满60分。丙等以上为及格,丁等为不及格。及格者毕业和升级,不及格者留级。杨占魁的学业成绩和操行成绩均属甲等。

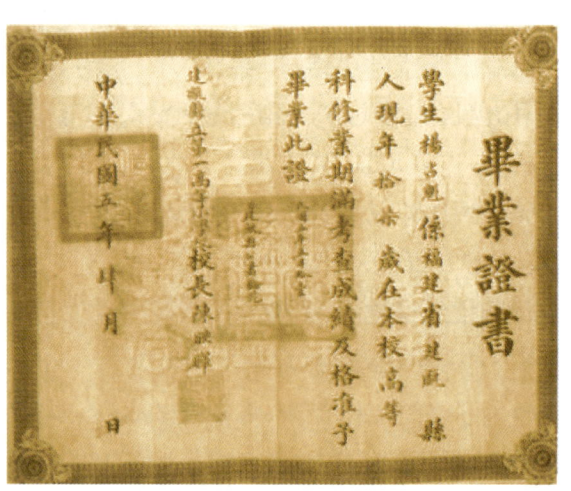

杨峻德的高等小学毕业证书(当时建瓯两等小学挂两块校牌:
建瓯县立第一高等小学和第一国民学校)

自清末创办以来,建瓯两等小学都属于官办性质,因此受到了地方政府的高度重视。在早期,堂长(后称校长)都由县知事(后称县长)兼任。"高等班毕业时,县长要亲临主考,学生毕业后穿蓝衫拜客,并夸耀闾里。"① 到了杨占魁毕业时，这一习俗已经被取消了，但是县公署依然要核验毕业生的考试成绩及毕业证书，以此体现地方政府对教育的重视。

此时的建瓯，两等学堂高等班毕业者并不多见，因此杨占魁的很多同学在毕业后即选择谋份工作。当然也有选择继续读书者，比如葛浙荣、葛湖荣，这一方面源于他们自身的愿望，当然还有更重要的因素——家中有能力支持学生继续读书。是工作还是继续学习，和三年前一样，杨占魁再一次面临着选择。其实，杨占魁很清楚自己的选择，但是他同样清楚自己必须得到家人的支持。

暑假回到家，当杨占魁把自己的毕业证书拿给家人看的时候，大家都很高兴，尤其是杨荣升，他满脸自豪地跟大家说，如果放在前清，咱们家克宽也是秀才出身了。当问及以后的打算时，杨占魁怕家人为难，并没有立即说出口。看到弟弟似乎有些难为情，哥哥杨克仁说自己还是希望克宽能够继续读书，家里有自己帮衬着就够了。杨荣升深知儿子有主见，当初他给自己取名"杨占魁"就是最好的例子。看到杨占魁不言语，便知道他是担心家里负担不起。于是便宽慰着说，既然决定要继续读书，那就好好读，家里的事情不用担心。杨占魁喜出望外地看着父亲和哥哥，从内心里感谢他们对自己的支持。当时他并不明白为什么这次父亲这么支持自己，第二天他悄悄地问哥哥克仁怎么回事？杨克仁笑他读书读傻了，每次回家也没有注意家里的变化。原来这两年，前来打造金银首饰的人渐渐多了，家里的经济状况也逐渐好了起来，杨荣升正在张罗着给杨克仁娶亲的事。杨占魁来不及细问为什么这两年打造金银首饰的人多起来，他光顾着为家里发生的变化感到高兴了，同时还想着自己可以不用担心学费问题了。

这个暑假注定是个难忘的假期。杨占魁得到了家人的支持，可以在秋季继续读书了。同时，他还听说了一个好消息——袁世凯死了。

---

① 林越轩：《建瓯梨山小学三十三年史话》，《建瓯文史资料》第1辑，第109页，内部发行，1980。

自篡夺了辛亥革命的胜利果实后,袁世凯便在背叛革命、复辟帝制的道路上越走越远。1915 年 12 月 12 日,通过签订卖国条约获得日本人支持的袁世凯终于按捺不住自己的野心,在北京公然称帝,建立中华帝国,改元"洪宪"。袁世凯的倒行逆施激起了全国人民的愤怒。孙中山在日本号召全国人民群起而攻之,蔡锷、李烈钧等爱国将领在云南发起护国战争。各省相继独立,北洋军阀内部也分崩离析。在一片反对和讨伐声中,袁世凯不得不于 1916 年 3 月宣布取消帝制,不久便在全国人民的唾骂声中死去。对于所有和杨占魁一样爱国的人来说,这的确是个好消息。

克明峻德

1916 年 8 月,杨占魁和葛浙荣、葛湖荣等 30 余名同学一起进入建瓯中学校学习。建瓯中学校的前身是建郡中学堂,由时任建宁知府的白增煜于 1906 年 9 月创办并兼任监督。当年招收建属 7 县(建安、瓯宁、浦城、建阳、松溪、政和、崇安①)生员、童生,办预科班 2 个,新生 82 人,教职员 18 人。"膳食由公家供给,学堂的经费由书院膏伙费、木排捐及寺租解决。"②1908 年裁撤膳食,并改预科为中学文科。1909 年改校名为建宁府中学堂。1910 年增设实科 1 个班。1912 年,废文、实科,改办旧制中学(四年制初级中学),校名改为建瓯中学校。

谢廷昌

---

① 崇安,即今福建武夷山市。
② 潘渭水、黄芝生主编:《建瓯县志》,第 751 页,中华书局,1994。

杨占魁进入建瓯中学校就读时，校长为谢廷昌。谢廷昌是前清举人，又是废科举后第一个毕业于京师大学堂师范馆的建瓯人。回到家乡后，他被聘任为建瓯中学校校长。在此期间，谢廷昌将北京学生爱国忧民、关心时事的新风尚带进了校园。1915年5月，建瓯中学校学生组织了反对袁世凯卖国的示威游行活动，很大程度上得益于校长谢廷昌的支持。1916年，县公署官产处决定将曾经遭受火灾的建宁府署遗址卖给英国教会，谢廷昌痛恶利权外溢，奋起反对，在建瓯中学校募集银元600元，加上建瓯人魏秉珪在登瀛、汇沙两书院筹集的书院款500元交给县署官产处，将土地从教会处赎回，并立执照说明该址永远由当地管理，外人不得垂涎，得到了全县百姓的一致赞誉。

在校长谢廷昌的大力支持下，建瓯中学校已对袁世凯的尊孔复古教育进行了纠正，学校的日常教学已逐渐恢复到民国之初的教育道路上来，同时废除了文实分科，严格以"完成普通教育，造成健全国民"①为宗旨。在日常管理上，谢廷昌坚持"师者，人之模范也"的古训，特别注重提高教员的教育素养和道德水平。对于学生，谢廷昌则注重保护和激发学生的天性，宽容对待学生的缺点。杨占魁来到这里后，很快便被学校轻松活泼、积极向上的学习氛围所感染。

当时，学校开设的课程有修身、国文、外国语、历史、地理、数学、博物、物理、化学、法制、经济、图画、手工、乐歌、体操等。外国语以英语为主。课本则采用1914年《福建公报》所公布的"共和国教科书"，这套"共和国教科书"由庄俞、沈颐、高凤谦等编辑，他们中既有新思想知识分子，又有留学归国人员，并且大部分都有着丰富的中小学教学实践经验。作为第一套适合民主共和政体的教科书，1912年4月商务印书馆在编辑之初，即明确了编辑要点："（一）注重自由、平等之精神，守法合群之德义，以养成共和国民之人格。（二）注重表彰中华固有之国粹特色，以启发国民之爱国心。（三）注重国体、政体及一切政法常识，以

---

① 舒新城编：《中国近代教育史资料》下册，第520页，人民教育出版社，1981。

普及参政之能力。……"①教科书涵盖面非常广泛,传统和现代兼顾,理想与现实结合,本土与国际共存,人文与科技兼有。

在教授课程时,校长谢廷昌要求全校教员改变以往注入式教学方法,把深奥难懂的知识通俗化、趣味化,从而活跃课堂气氛,激发学生的学习兴趣。四年下来,杨占魁每门功课都学得十分认真,成绩也十分优异。杨占魁最喜欢的是"本国史""西洋史""东亚各国史"和"法制概要"等课程。

"本国史"第一学年即开始学习,结束之后是"西洋史",待学习"东亚各国史"时,已到第三学年。比起初等小学历史课程要求了解"古来圣主贤君重大美善之事"②和高等小学要求了解"历朝治乱兴衰大略"③,中学阶段的历史课程内容更加丰富、学习更加深入。通过学习,杨占魁掌握了民族之进化、社会之变迁、邦国之盛衰,特别是政体之沿革及民国建立之根本。在近代以来中外历史的对比学习中,杨占魁初步了解了欧美大国快速发展的根本原因,了解了世界发展的大趋势。特别是在学习"东亚各国史"过程中,杨占魁通过观察中日两国的历史,发现了从古代的日本学习中国到近代的中国学习日本再到新近的敌对关系的变化,认为这其中的关键在于当下日本走了一条与中国截然不同的道路,简而言之,即日本顺应了世界发展的大势。

第四学年,杨占魁开始了"法制概要"的学习。该门课程的培养要旨"在养成公民观念及生活上必需之知识"

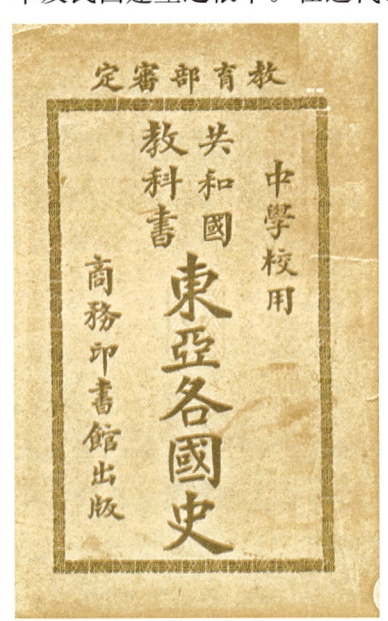

教科书《东亚各国史》封面

---

① 石鸥、吴小鸥:《中国近现代教科书史》上册,第188页,湖南教育出版社,2012。
② 璩鑫圭、唐良炎编:《中国近代教育史资料汇编 学制演变》,第304页,上海教育出版社,2007。
③ 璩鑫圭、唐良炎编:《中国近代教育史资料汇编 学制演变》,第319页,上海教育出版社,2007。

上。因此在编纂此书时,作者介绍了法制及其意义、法制与道德关系、国家之观念、国体及其分类、政体及其分类、法之制定与实施、公民的权利与义务、宪法、行政法、刑律、民律、债权、物权等,单单从书本上来看,当时的中国俨然一个现代意义上的国家。对于处在从封建社会向民主共和时代过渡阶段的杨占魁来说,他和那个年代的无数爱国青年一样,都迫切地希望能够有一条道路可以使中国摆脱被欺侮掠夺的境况,而这本《法制概要》中勾勒出的运行规范有序的法制国家形象,一度使杨占魁似乎看到了国家强盛的希望。

在校长谢廷昌的领导下,短短几年,建瓯中学校的学习氛围明显改善,每年都有不少学生考上北京大学、朝阳大学、交通大学等高校。

正当学校在校长谢廷昌的领导下快速发展之时,受当时福建省教育事业大变革的影响,发生了更换校长的事件,一时引得全校学生群情激奋。

1912年中华民国成立,福建设立教育司,后于1913年裁撤,直到1919年才重新设立教育厅。在此期间,福建教育处于无序发展状态,中学教育更是停滞不前。"那时正是军阀政府统治时期,做官的人高高在上,只知敲诈勒索,一切置若罔闻,教育事业更不足以动其心。在当时的政治背景下,大家认为唯有省议会可向政府说一些话,因此,经常有人向议长、议员们提出意见,请他们把学校的情况反映给政府,请宽筹经费,拨给各校,以便整顿。""到了民国五年的九十月间,省议会召开会议,……乃提出整顿全省教育建议一案,内容分为三点:1. 将各府(州)设立的中学收归省立;2. 每一道区设立师范学校一所;3. 增加各县初等教育补助费。"①当时李厚基任督军兼省巡按使(即省长),经多次周折,终于照准,全省各界期盼已久的教育变革才得以开始实施。

在此背景下,建瓯中学校于1917年被收归省立,并改名为福建省立第五中学校(简称"省立五中")。此后,学校的办学经费较以往有所

---

① 郭公木:《省立四所师范、十三所中学的由来与校长的争夺》,《福建文史资料选编第1卷 教育编》,第87—88页,福建人民出版社,2000。

充盈,教师的工资待遇也有所提高。这对学校本属好事,然而却被一些别有用心的人盯上了。

自1912年担任校长以来,谢廷昌一直倡导的开明办学风格,引起了建瓯当地一些保守势力的极力反对和恶意攻击,他们早就谋划着将其赶走,只是一直苦于没有机会。"各府中学在收归省立之前,经费无多,规模不大,而校长的薪俸又甚低微,每月只有四五十元。""通过这一次学校组织的大变革,各校的经费多了,规模也大了,校长薪俸从四五十元提高到100元左右,在当时算是高薪,利之所在,人争趋之,因而引起一些有条件的人对中学校长职位的极大兴趣。"①"当时,建瓯五中校长一职争夺最为激烈,因建瓯地方上有两家大地主,一为高家,一为李家。李家田地更多,人丁亦众,势力比高家大。但高家依附顺昌高登鲤(省谘议局议长,民国元年任民政司长),联成一气,势亦不弱。"经过双方斗争,建瓯五中校长一席,最终被"属于高家派系的崇安人丘梧所取得"②。

谢廷昌的校长一职即将被崇安人丘梧所取代的消息传到省立五中后,立即在广大师生中引起了不安,他们担心新校长到任后,学校的风气将会被改变。这种紧张的气氛不断蔓延,很快便在学生中引起了躁动。在高年级同学的带领下,一些学生号召大家在新校长就任时予以抵制,要求省署收回任命,不然将进行罢课活动。杨占魁对于更换校长一事也十分担心,他决定在自己班上发动同学参与其中,很快,便有葛浙荣、季永绥等同学积极响应。

谢廷昌得知这一情况后,立即召集部分学生代表谈话,他宽慰大家说,校长的任期,法令上并没有明文规定,自民国元年担任校长以来,承蒙全体老师和历届同学的支持,自己才能够为学校做一些事情。适逢全省教育变革,省署作出了调整自己职务的决定,自己能够理解。新

---

① 郭公木:《省立四所师范、十三所中学的由来与校长的争夺》,《福建文史资料选编第1卷 教育编》,第91页,福建人民出版社,2000。

② 郭公木:《省立四所师范、十三所中学的由来与校长的争夺》,《福建文史资料选编第1卷 教育编》,第96页,福建人民出版社,2000。

校长既由省署任命，必定会在今后为学校争取更多经费支持。至于学校良好的学风，是全体教员和历届学生共同努力的结果，非自己一人之功，既如此，也断不会因一人而更改。在谢廷昌的一番劝慰之下，学生们决定将此事暂告一段落，待新校长就任后察其言行再作打算。

对于杨占魁来说，因更换校长而起的这场小风波，是他自进入建瓯中学校（省立五中）以来参加的第一次学生运动，其规模和影响力虽远不及1915年5月反对"二十一条"的爱国运动，但这毕竟是他第一次参与领导学生运动，是对他组织领导能力的一次锻炼。

正如谢廷昌所言，丘梧就任校长之后，为了稳定人心，并没有对学校的规章制度大作调整。省立五中还增添了教室，建造了大礼堂，购买旧盐仓并将之开辟为体育场，租用魏氏宗祠为食堂，这些都有力地改善了学校的办学环境。当然，这一切都和学校收归省立后，办学经费得到保障有很大关系。

1917年，受全国大中学校成立学生自治会风潮的影响，省立五中也成立了学生自治会。由每个年级的学生代表推举1人担任主席，自治会下设学习组、文体组、卫生组、事务组和纪律组，每组设组长1人。在自治会成立伊始，杨占魁和葛浙荣、季永绥等同学即报名参加，并被全班同学推举为本班的学生代表。

成立伊始，学生自治会即开展了形式多样的活动。比如学习组开展了知识竞赛，文体组开展了演讲比赛和体育比赛，卫生组组织大家每周大扫除，事务组则每天派出学生代表参加帮厨，纪律组则主要负责监督学生的日常纪律。杨占魁在认真做好功课的同时，还积极参加了各种活动。杨占魁最感兴趣也最擅长的活动是演讲活动。每月初，由文体组公布本月的演讲主题，愿意参与的学生围绕此主题开始准备，待到月末再集中开展演讲活动。主办者还邀请相关领域的老师参与评比活动，选出优秀的演讲者若干人。只要没有特别繁重的学习任务，杨占魁都会积极参与。在此过程中，他的文字写作能力和语言表达能力得到了很大提升。由于在演讲活动中表现优异，到第二学年文体组组长一职空缺时，杨占魁被学生代表一致推举为文体组组长，而他的好伙伴葛浙荣则因优异的学习成绩而成为学习组组长的有力竞争者。两个风华正茂的年轻人,除了在学习上相互促进外,在课余活动中也大展拳脚。

1917年,对于杨占魁班上的大多数同学而言,他们已经18岁了,这个年龄,意味着男子已长大成人,到了可以成婚的年龄了①。当然对于正在读书的这群年轻人而言,接受了新式教育的他们,显然不愿像他们的同龄人那样早早被婚姻和家庭所羁绊。为了表明自己已经长大成人,他们纷纷效仿古人,给自己取了表字。这些表字大致可以分为三类,第一类是"名"与"字"意义相近或相同,如季永绥字祝安("绥"即平安,"名"与"字"均祝福平安之意),朱廷彪字虎臣("彪"即小老虎,"廷"与"臣"则相对应);第二类是"名"与"字"意义相关联,如葛浙荣字越溪(钱塘江旧称浙江,越溪传说为越国美女西施浣纱之处),滕绍松字寿丞(松树象征长寿);第三类是以"字"言志,如葛湖荣字镜吾(当取以湖为镜、省悟自身之意)。

杨占魁根据《尚书·尧典》中讲述帝尧"克明峻德,以亲九族。九族既睦,平章百姓。百姓昭明,协和万邦"②的伟大事迹,给自己取字"峻德",他希望自己像帝尧那样,能够不断保持和发扬自身的美德,进而成就一番大事业。"克明峻德",既是杨占魁给自己取表字的原则,也是一种自我期望与鞭策。从此,这个少年以这四个字为终身追求,并终因这四个字而被人们永远铭记。

青春作伴

1916年6月,恢复帝制失败的袁世凯因尿毒症不治而亡。随着袁世凯的离世,原本互相倾轧的北洋军阀内部进一步分裂为直、皖、奉三

---

① 《大清民律草案》(亲属编)规定:男未满十八岁者,女未满十六岁者,不得成婚。1930年《中华民国民法》(亲属编)沿用了这一规定。

② 〔明〕马愉著、马庆洲校注:《澹轩文集今注》,第18页,山东人民出版社,2018。

大派系,他们彼此之间勾心斗角,翻云覆雨,使得中国进一步堕入了黑暗的深渊。

在福建,由袁世凯一手提携的军阀李厚基先后排挤掉许世英(时任福建巡按使,职权相当于省长)和胡瑞霖(时任福建省长),逐渐攫取了全省军政大权。袁世凯病死后,李厚基骑墙于张勋、段祺瑞等北洋军阀之间,并借机扩大个人势力范围。

第一次护法战争爆发后,作为段祺瑞政府的得力干将,李厚基承担了进攻孙中山广州护法军政府的任务。由于当时的盐务、邮电、海关均被把控在各帝国主义者手中,军阀无法分得收益,为了筹措军饷、制造武器以达到扩军备战的目的,李厚基只得在地方税收中动歪脑筋,并大肆搜刮民脂民膏。他在制造局内设立造币厂,仿铸广东毫洋(可有二成利润)。李厚基自1917年开始铸币,到1922年垮台止,搜刮达2000多万元。此外,李厚基还开设福建银行,印发纸币,"与民间钱庄印发的纸币(台伏票)竞争,从中谋取高利"。

铸毫洋、印纸币仍不足以支付军费,李厚基还发行公债、大肆借款。更为可恶的是,李厚基为应付扩军后骤增的军费开支,"在铸币乞借、增收税收之外,还迫令农民栽种罂粟,以此抽收田亩捐,每亩自6元至24元不等,按户摊派。为最大限度榨取利益,还办理收捐招标,由中标者包办征收。时同安县招标月达80万元,莆田、仙游、晋江、南安各县20万元。由于迫种罂粟,每年出产鸦片膏数10万两,使烟毒遍及全省。据计李厚基铸币和抽收田亩捐两项搜利约四五千万元,当时上行下效,各地驻军以饷糈不得保障为借口,则到处设关立卡,截留地方税收,或巧立名目,苛征捐税,民苦益甚"①。

在李厚基的横征暴敛下,同福建各地人民一样,建瓯人民也是苦不堪言。特别是烟毒的泛滥,导致了很多吸食者家破人亡、妻离子散。在建瓯,大烟馆已四处可见,走在大街上,杨峻德经常遇到一些吸食者,他们个个衣衫不整、精神萎靡不振,和活死人并无二致。每当看到这样

---

① 潘守正等:《李厚基在福建》,《丰县文史资料》第5辑,第66—67页,内部发行,1987。

的情形,杨峻德在哀其不幸、怒其不争的同时,更是增添了对反动军阀政府的愤恨。

就在福建人民和全国人民一样遭受反动军阀残暴统治的时候,以陈独秀、李大钊、鲁迅、胡适等人为代表的一大批有识之士决心发动一场思想启蒙运动,以期廓清蒙昧、启发民智,培育改造社会的新生力量。

1915年9月,陈独秀在上海创办《青年杂志》(从第二卷起改名为《新青年》),以此为舆论阵地,一批先进的

《青年杂志》创刊号

知识分子在思想文化领域掀起了一场提倡民主与科学,反对封建思想、道德和文化的新文化运动。新文化运动掀起了思想解放的潮流,在社会上尤其是广大青年中引起了极大的反响,为之后的反帝反封建斗争奠定了思想基础。然而"由于消息闭塞,在新文化运动的前期,福建文化知识界对京沪等地新文化运动没有明显的反应"①。

1919年1月,第一次世界大战战胜国在法国巴黎召开所谓的"和平会议",北洋政府和广州军政府联合组成中国代表团,以战胜国身份参加和会,提出取消列强在华各项特权,取消"二十一条"等不平等条约,归还德国从山东攫取的各项权利等要求。然而巴黎和会在帝国主义列强操纵下,不但无理拒绝中国的合法要求,而且在对德合约上明文规定把德国在山东的特权全部转让给日本。

对于帝国主义列强的强盗行为,北洋政府不顾民众的呼声,竟然

---

① 徐晓望主编:《福建思想文化史纲》,第386页,福建教育出版社,1996。

准备在"对德和约"上签字,从而激起了中国人民的强烈反对。巴黎和会中国外交失败的消息传到国内后,5月4日下午,北京13所大专院校3000多名学生代表冲破军警阻挠,云集天安门,他们打出"誓死力争,还我青岛""收回山东权利""外争主权,内除国贼""拒绝在巴黎和约上签字""废除二十一条"等口号,并且要求惩办曹汝霖、章宗祥、陆宗舆三个卖国贼。随后,游行队伍痛打章宗祥,火烧赵家楼,一场影响深远的五四爱国运动爆发了。

五四运动在北京爆发后,这股爱国浪潮迅速席卷全国,各大中城市的学生纷纷罢课、集会、游行,形成了中国历史上前所未有的革命洪流。

在福建,福州各学校连夜组织了"福州学生联合会",开会声援北京学生,反对北京卖国政府。5月7日,福州学生举行大规模的示威游行。当游行队伍到达仓前山各国领事馆时,"打倒帝国主义""还我领土主权"等口号响彻云霄,领事馆周围被愤怒的学生贴满了各种反帝标语,有的人还捡起石头扔向了日本领事馆的门窗。

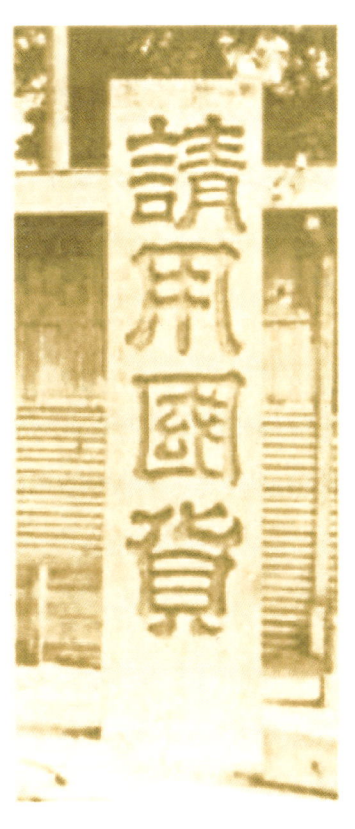

1919年立在福州市区的"请用国货"石碑

5月中旬,福州市中等以上学校学生代表召开会议,决定成立福州学生联合会(后改为福建学生联合会),领导全省学生开展反帝反封建斗争。福建学生联合会成立后,立即组织集会、游行、抵制日货等活动。

5月24日,福州学生再次发起了8000多人的示威游行。当天的示威活动虽然在反动军警的严密监视下进行,但是却获得了福州各阶层人民的大力支持,沿途商店均备有茶点供学生食用。各小学学生因为年幼不能随行者,则列队两旁予以支持。福州学生反帝反封建的爱国运动,很快在八闽大地得到了热烈响应,厦门、漳州、莆田、泉州、南平等地随后皆爆发了轰轰烈烈的反帝反封建运动。

全国范围内的反帝反封建斗争消息传到建瓯后,以省立五中为代表的青年学生群体率先闻风而动。此时的杨峻德,已经担任了学校自治会的主席,他紧急召集自治会的各位学生代表,号召大家团结全校同学,积极参与到这场伟大斗争中去。

6月14日,"黄案事件"①爆发后,福建学生联合会立即组织数千名学生分别向省议会、省地方法院和地方检察厅控告黄瞻鸿罪行,要求严惩黄瞻鸿,释放被捕学生,并组织了范围更广、影响更大的抵制日货运动。

7月,福州高校放暑假后,福建学生联合会号召在榕各校学生利用返乡机会,在家乡组织成立学生联合会,开展爱国运动。建瓯籍在榕学生将福建学生联合会的号召带回来后,得到了杨峻德等省立五中学生的热烈响应。在他们的帮助下,杨峻德积极联络汉英初级中学等校学生,于当月成立了以省立五中为主体的建瓯学生联合会(简称"县学联")。

杨峻德由于担任省立五中学生自治会主席一职,因此各校学生代表共同推举他为建瓯学生联合会干事长,并推举丘华为副干事长,陈秉盛为评议长。县学联成立后,立即成为建瓯反帝反封建爱国运动的领导力量。"自此,建瓯轰轰烈烈地开展着反帝、反封建的爱国运动,学生带头参加,许多工人、农民、爱国人士也投入运动行列中,声势浩大,前所未有。"②

在县学联的领导下,建瓯各中学在约定时间统一罢课并组织示威游行。杨峻德等人带领罢课学生们高呼着"外争国权,内惩国贼""打倒

---

① 1919年6月14日,福建学生联合会获悉福建商会会长黄瞻鸿采办大批大米出口换回大量日货后,派学生代表到福建商会,要求黄瞻鸿为商界做表率,接受货物检查。黄瞻鸿表面应承,暗地里却纠集打手对前来检查的学生代表进行殴打,并向福州军阀政府谎报有土匪抢夺财物。此次事故中造成1人死亡,5人被捕,后被称为"黄案事件"。

② 陈长周:《五·四运动在建瓯》,《建瓯文史资料》第1辑,第17页,内部发行,1980。

日本帝国主义""反对二十一条卖国条约""抵制日货"等口号,走上街头进行游行,并向街上的行人散发传单,广贴标语,扩大宣传。在统一的游行结束后,县学联组织了街头宣传队,在鼓楼、省立五中门口等人流密集地方,不分昼夜地向群众讲解当前形势,鼓舞广大工人、农民积极行动起来,参与到反帝反封建的革命洪流中去。

在这次活动中,杨峻德充分发挥自己的口才特长,只要从县学联的工作中腾出手来,就会立即投入到演讲中去。演讲时,杨峻德时而来回走动,时而用力挥动双臂,那真挚的情感、朴素的语言,深深地感染了现场的听众,许多人听了不禁潸然泪下。演讲结束时,他高呼"外争国权,内惩国贼""打倒日本帝国主义"等革命口号,现场的群众也跟着他大声呐喊起来。

县学联还组织学生们用白话文编写、演出新剧,以宣传爱国思想,反对封建主义。新剧《打倒卖国贼》上演时,因为剧情讽刺贪官污吏昏庸无能,引起了在场官员的不满,他们便指使地痞流氓上台捣乱。学生们纷纷与之斗争,把地痞流氓赶下台,那些贪官们见势不妙便偷偷溜走了。这些新剧受到建瓯群众的普遍欢迎,大家称之为"学生戏""文明戏"。

当时的中国市场,到处充斥着外国货物,这其中尤以日货为最。为反对日本帝国主义,全国上下开展了声势浩大的抵制日货行动。

在建瓯,杨峻德等人组织了日货检查队,队员们"首先拆下并砸烂高悬城墙上的日本'仁丹'大幅广告牌,及英人建太木行的招牌。接着清查各店及码头、邮电包裹处的日货,一经查出,当场销毁。个别奸商把没有查出的日货,改头换面,冒充国货在市场销售,也被学生查出,付之一炬。资本充足、规模很大的梁宝兴百货商店,勾结赃官,拒绝检查,被学生捣毁。另一家贩卖日本鲢鱼的京果店老板仇颖光,盘算高利,也被学生戴上高帽,游街示众。一些洋行在瓯的代理人,慑于群众强大威力,仓皇逃跑"[1]。

---

[1] 陈长周:《五·四运动在建瓯》,《建瓯文史资料》第1辑,第18页,内部发行,1980。

在县学联的领导下,在杨峻德和广大学生们的艰辛努力下,"五四运动在建瓯,算是有史以来第一次大规模的政治文化运动。它带来一股强大的力量,冲击着这座古城的旧思想、旧势力、旧文化、旧习惯"①。

对于杨峻德来说,通过亲身参与、领导这场轰轰烈烈的爱国运动,他真正认识到了广大群众特别是青年学生团结一心、同仇敌忾的伟大力量。而力量的源泉,在杨峻德看来,主要来自他的同龄人——青年学生。正是由于他们强烈的爱国精神、顽强的斗争精神和无畏的牺牲精神,才唤醒了广大民众,并将民众的力量汇聚成共同反抗帝国主义和封建主义的伟大洪流。于是,杨峻德暗自告诉自己,一定要到北京上大学,亲身去感受那磅礴的青春力量。

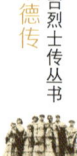

① 陈长周:《五·四运动在建瓯》,《建瓯文史资料》第1辑,第18页,内部发行,1980。

第三章
求学中大

报考大学

为了实现自己的目标，杨峻德将全部精力投入到学习中去。因为之前频繁参加学校的活动，他的功课受到了不小的影响，好在他基础好，悟性又高，因此很快便赶了上来。然而就在此时，家中却发生了一场大变故，进而影响了他的学业。

因为长期住校，杨峻德并不知道父亲杨荣升此时已染上了重病。虽然前两年家中依靠打制金银饰品攒下了一些积蓄，然而由于杨峻德长年在建瓯读书，花销甚多。后来又给老大杨克仁娶亲，建瓯当地沉重的彩礼和繁琐的婚俗，一下子就耗费了杨家不少钱财。杨荣升患病后，不仅家里的收入受了很大影响，更为关键的是，此时的他，已经没有太多的积蓄可以为自己治病,导致病情越来越重。

1920年初,杨荣升的病情越发严重。眼看着自己将不久于人世,杨荣升将自己打算给杨峻德娶亲的想法告诉了妻子张玉仙。虽然办理婚事势必进一步加重家里的负担,但考虑到丈夫的病情,按照建瓯"冲喜"的风俗,张玉仙也就同意了丈夫的主张。夫妻俩决定,待儿子回家后再和他谈谈。

自新学期开始后,杨峻德一直没有回家,临近毕业,学业繁忙也是情理之中的事情。此次回家,是父亲专门托人带话给他的。带话的人只是告诉他父亲最近做工时受了伤,很是想念儿子,希望他回家一趟。这是杨荣升特意嘱咐的,就是怕儿子太过担心。

杨峻德回家后,躺在病榻上的杨荣升向儿子说出了自己的病情以及为他娶亲的想法。杨荣升很清楚,儿子毕竟读了这么多年书,心中有大抱负,肯定是不愿意过早娶亲的。但他表示,自己这么做也是希望他日离世之时不留下遗憾,毕竟儿子已21岁了,也到了谈婚论嫁的年龄了。此外,他还向儿子保证,成婚之后他仍然可以继续去读书,甚至是考大学。

杨峻德的未婚妻名叫范钦章,吉阳本地人,是杨荣升夫妻在几年之前托媒人介绍的。当时杨峻德尚在两等小学高等班读书,虽然内心并不十分乐意此事,但建瓯当地的风俗便是如此,况且班上也有一些同学已经订婚,因此他也就勉强同意了。而今自己即将中学毕业,将来还准备报考大学,现在成婚,杨峻德自然是十分排斥的,但是他却是一个十分孝顺的人,明白这可能是父亲在有生之年希望完成的最后一件大事,他不想让父亲留下遗憾。而且,他也希望借成婚给父亲"冲冲喜",让他的病尽快好起来。

待一切准备妥当之后,按照建瓯的婚俗,杨峻德将未婚妻范钦章迎娶进门。妻子的温婉美丽、知书达礼,使得杨峻德逐渐放下了对包办婚姻的成见。看着儿子顺利完婚,杨荣升的病情也似乎好了很多。

看到父亲病情有所好转,杨峻德便辞别了父母和新婚妻子,匆忙赶回学校继续读书。好友葛越溪(浙荣)悄悄问他为何回家一趟需要这么长时间,杨峻德便告诉了他父亲病重的事,但对于娶亲一事,他没好意思说出口,尽管这对于绝大多数建瓯人来说,是再正常不过的事情了。

没过多久,杨荣升还是因为生病未得到有效救治而去世。正在学校备考的杨峻德得到消息后,立即赶回家中,然而因为路途遥远,他最终还是没能见到父亲最后一面。

父亲溘然长逝后,全家人在陷入无尽悲伤的同时,还不得不承受经济状况恶化的痛苦。此前为了给杨峻德娶亲,家里已经花费了不少积蓄。然而父亲毕竟辛劳一生,即使家里经济状况已大不如前,杨克仁还是主张让父亲走得体面一些,哪怕需要背负一些债务。杨峻德极力赞成哥哥的主意。看到兄弟俩如此团结,母亲张玉仙感到十分欣慰。安葬了父亲后,杨峻德立即赶回了学校。

1920年7月,杨峻德作为福建省立第五中学旧制第七届学生毕业了。这届学生共33人①,其中建瓯籍学生18人②,原建宁府所属其他邑学生15人。本届学生中,除大多数选择谋取职业外,也有同学考入大学继续求学,如:葛越溪考入北京大学文学系,潘培炎考入了中国大学专门部商科六班,张佩瑾考入武汉大学英语系,季永绥考入武昌师范大学社会历史系。

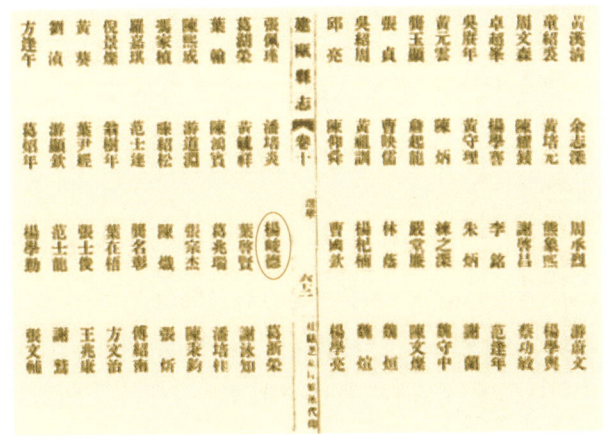

《建瓯县志》所载四年制中学毕业生名单

---

① 资料来源于福建省建瓯第一中学网站。
② 学生姓名见蔡振坚等《建瓯县志》卷三,第188页,1929。

杨峻德十分渴望进入大学继续读书。为此,他退出了学校自治会的工作,集中精力准备考试。然而就在这关键阶段,家中一连发生几件大事,耽搁了他不少的时间和精力,并影响了他报考大学。事实上,随着经济状况的不断恶化,杨家已经难以承担起杨峻德每年高昂的学费了。

鉴于此,杨峻德一度想放弃继续读大学,却受到了家人的一致反对。哥哥杨克仁认为家里的困难是暂时的,虽然父亲不在了,但是自己可以承担起养家的重任。妻子范钦章也拿出了自己的金银首饰,并鼓励他以前程为重,切莫轻言放弃。在家人的支持下,杨峻德终于坚定了来年继续考试的决心。

在认真备考的同时,杨峻德还和葛越溪、潘培炎等人保持着书信联系。在信中,他请葛越溪、潘培炎等人帮忙介绍各大高校尤其是北京高校的基本情况,并希望他们能够在各高校开始招生时,邮寄一些招生广告回建瓯,以便自己报考。1921年7月初,杨峻德陆续收到了几位同学寄来的所在高校的招生广告。7月下旬,潘培炎放暑假归来,特意为杨峻德带来了中国大学的招生广告。同时,他还简要介绍了学校的基本情况。

教育部、司法部、农商部认可北京中国大学招考新班生、编级生

招考门类:(甲)新班生大学本科文、法、商科又第一部预科(文、法、商),专门部本科法律、政治、经济、商科又法预科、中学科以上各学年第一学年第一学期。(乙)编级生大学文、法、商各本科、预科,专门部法、商又中学科各年级。

1921年7月6日《晨报》刊载的中国大学招生信息

资格：(甲)新班生入大学、专门本科须预科毕业，入各预及专门商科须中学毕业或同等学力。入中学须高小毕业或同等学力。(乙)编级生须有与所编各该科同等学校修业资格。

报名及试验：报名须缴验毕业或修业证书、四寸相片一张并报名费(大学、专门二元中学一元)，八月二十五日截止。试期分八月一日、九月一日两次……①

1912年，鉴于"推翻满清政府以来，政体改为共和，人才缺乏"②，孙中山、宋教仁、黄兴等民主革命先驱在北京创办了一所私立高等学校，定名为国民大学，"专在造就国民党革命的人才"③。学校于1913年4月13日正式开学，宋教仁④、黄兴为第一、二任校长，孙中山自任校董。1917年3月改名中国大学(简称"中大")。

国民大学(中国大学)1913年4月13日开校大典

---

① 《晨报》1921年7月6日第1版。
② 师敏：《北京中国大学最近情形——附学生会立平民学校现况》，《巴县留京学生会会报》1923年第1期，第52页。
③ 周化人：《中国大学与中国国民党》，《中国大学十六周年纪念大会会刊》，第53页，中国大学出版部，1929。
④ 第一任校长宋教仁在学校尚未正式开学前，于1913年3月19日在上海遇难，校董会改推黄兴为第二任校长。

中国大学以践行孙中山的革命理想和教育思想为宗旨,在办学实践中,借鉴日本早稻田大学等著名高校的办学理念和经验,以培养学术独立人才、造就模范国民、厉行国家主义、发扬共和精神、坚持学以致用、践行服务社会为办学方针。

在课程设置和教学理念上,中国大学高举"三民主义"旗帜,"设有经济学、商学系,所以贯彻民生主义者在此;有法律系、政治学系,所以发展民权主义者在此;有国学系、哲学系,所以恢弘民族主义者在此"①。这些重点学科的开设堪称课程完备、理念新颖,使得中大在当时的北京乃至全国高校中都享有很高的声誉。

听了潘培炎的介绍,杨峻德想起前不久发生在南方的一个重要事件。当时,孙中山命令援闽粤军回撤广东,成功驱逐了桂系军阀莫荣新,这一胜利极大地鼓舞了广大革命者的斗志,在闽粤两省广大青年中引起了巨大反响。听了中国大学的基本情况后,结合粤军驱逐桂系军阀事件,杨峻德对孙中山先生倡议创办的这所大学产生了浓厚的兴趣。而潘培炎也在一旁极力劝说,表示有自己在中大,以后彼此也有个照应。

学校确定以后,紧接着便是确定专业。当时的中国大学设有大学部、专门部和附属中学部。大学部、专门部各设预科和本科。大学部开设文、法、商三个学科,其中预科二年毕业,本科四年毕业。专门部则稍有不同,预科只开设法科,一年毕业,本科开设法、商二科,三年毕业。

考虑到家里的实际状况,杨峻德决定报考专门部预科,这样可以早两年毕业。至于专业,他几乎没有犹豫,便选择了法科。这样选择,不仅是因为中大预科只开放了法科;更是因为他的法制概要课学得相当好,而中华民国成立后,律师制度开始建立,律师行业的收入已经远远高于大学教授,这对于家庭经济状况不佳的杨峻德来说,无疑是个好出路。

因为路途遥远,时间紧迫,在仔细阅读了招生广告后,杨峻德听从了潘培炎的建议,待他回学校时,两人一起出发。为了不影响杨峻德应

---

① 张子和:《祝中大十六周年纪念会》,《中国大学十六周年纪念大会会刊》,第18页,中国大学出版部,1929。

考,潘培炎还特意把出发的时间提前了几天,并与杨峻德约好了在建瓯城里会合的时间、地点。对于他们的安排,家里也都表示支持,并为此积极准备起来。

到了出发的当天,全家人一起出门送别杨峻德。妻子范钦章强忍着泪水,心中充满了万千不舍。她将自己亲手裁剪的新衣服递到丈夫手上,告诉他在外多多珍重,北方冬天寒冷,记得多穿衣服,需要什么东西,就给家里写信。母亲张玉仙叮嘱儿子在外多保重身体,有哥哥嫂子,不要担心家里。哥哥杨克仁说途经牛轭岭不安全,执意要送弟弟到叶坊街。家人的关心,让杨峻德心中充满了温暖和力量。临出发时,他想再多看一眼家人,母亲却叮嘱他朝前看,不要回头。带着家人的期望,杨峻德朝远方迈出了大步。

到建瓯后,杨峻德按照事先约定的地点和潘培炎会合,他们先坐船经南平到福州,再从福州搭船前往天津。此时福州至天津的轮船每星期只有一次,他们买好船票后,又在福州逗留两日等待轮船出发。为了能够省些船票钱,两人买的是价格最低廉的经济舱,十几个人挤在一个没有窗户的逼仄空间里。当时的船运,大多商客混用,底层由于没有窗户,再加上旅客众多,经济舱又没有洗澡间,船舱里的汗臭味、呕吐物的馊味以及各种货物的味道混杂起来很难散发出去。此时正值台风肆虐闽浙沿海之际,风浪很大,船体晃动。在这种恶劣的环境中,纵使从小熟悉水性、习惯坐船的杨峻德,也禁不住呕吐起来。

经历了整整七八天的颠簸后,他们的船终于到达了天津码头。双脚踏上码头的那一刻,杨峻德感受到了前所未有的踏实感。此时的天津码头已是暮霭迷蒙,为了赶上第二天一大早去北京的火车,杨峻德和潘培炎不得不忍饥挨饿继续赶路,直到晚上才到了天津总站。当时正值夏末秋初,天津的天气不冷不热。二人为了省钱,没有去住旅馆,胡乱吃了点东西,在火车站旁的小广场上凑合着睡了一晚。

第二天,杨峻德和潘培炎早早爬起来,买好了去往北京的火车票。为了省钱,他们买的依旧是最便宜的站票。俩人好不容易挤上车,却发现车厢里早已挤满了人。这里虽然拥挤不堪,但是比起在海上颠簸,倒是舒服了不少。这是杨峻德第一次坐火车,因此显得十分兴奋。窗外,华北大地一望无边,让从小生活在闽北山区的他连连发出赞叹。

经过6个多小时的车程,火车终于到达了北京前门火车站。潘培炎早来北京一年,因此对各种事情都很熟悉。杨峻德跟着他,倒也省了不少事。原本他打算让杨峻德暂住在自己的宿舍里,但是马上要开学了,他的同学也陆续返校了。于是,在经过一番联络后,他带着杨峻德住进了宣武门外大街的福建会馆。

福建会馆始建于光绪三年(1877)。福建闽县人王可庄(字仁堪)考中丁丑科一甲第一名,状元及第。为给本省旅京人士提供一处"敦亲睦之谊,叙桑梓之乐"的场所,王可庄集资购置了一处私人财神庙作为福建省旅京同乡会馆。光绪二十八年(1902)起,各省在京官员、会馆和同乡会纷纷谋划开设学校。时任邮传部尚书的陈玉苍带头集资,又购买本馆北侧破旧房屋,得地十余亩,作为校舍,招收同乡学生,定为闽学堂。杨峻德搬到此处,除认识不少同乡外,在衣食住行方面也方便了许多。

9月1日是中国大学1921年组织的第二次入学考试的日期。此前一次定于8月1日,参考者多为北京及河北、天津等地学生,而本次参考者则多为距离北京较远省份的考生。

此次考试共分国文、历史、地理、英语、数学五门课程。至于考题的难易,或可以从1923年入学考试试题及最终录取人数一窥究竟。

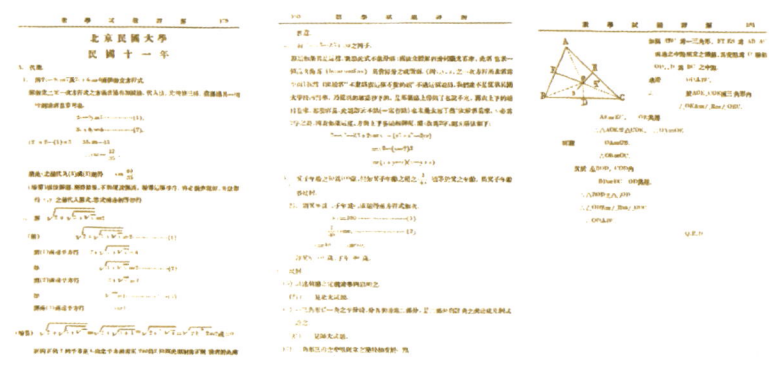

1923年中国大学入学考试数学试题[1]

---

[1]《云南旅京学会会刊》1924年第5期,第159—160页。因年代久远,中国大学1921年入学试题已不可考,此处引用1923年试题作参考。

1923年中国大学入学试题同样分五门，国文论述题一道，默写题一道；历史论述题两道，其中中外历史各一道；地理论述题四道，其中中外地理各两道；数学题共六道，其中普通计算题两道，方程求解两道，几何题两道中一道题为画图。英语共三道大题，其中写作一道，填空一道，翻译一道，每类题中又有若干小题。

从最终的招生统计来看，本年度全国24个省1255名考生报考中国大学，最终录取355人，录取率28.3%。其中，国文科40分以下者458人，占报考总人数的36.5%；英文科40分以下者684人，占报考总人数的54.5%；数学科40分以下者534人，占报考总人数的42.5%。即使是最为广大考生所熟悉的国文，仍有739人处于60分以下，占报考总人数的58.9%。其实北洋政府教育部于1919年公布各专门学校、大学招生办法训令时，就曾要求招考预科生，"命题概须依照中学毕业程度，勿使太过不及，至于学校衔接有所妨碍"①。当时大学招生考试难度可见一斑。

考完试以后，杨峻德打算放松放松。他让潘培炎带上自己，一起去北京大学看望了他们的同学葛越溪。省立五中的三位同班同学，在时隔一年之后，终于聚在了千里之外的北京。三个年轻人操着乡音，一起讲述着过去一年的经历，畅想着美好的明天。

9月中旬，杨峻德在福建会馆里的报纸上看到了中国大学发榜的消息后，立即赶到了学校大门口。只见墙上贴了好几张大红纸，上面密密麻麻地写满了被录取新生的姓名。在法科预科新生名单里，他找到了自己的名字：杨占魁。看到这再熟悉不过的三个字后，杨峻德激动万分，心头压着的一块石头终于落了地。

回到会馆后，杨峻德立即取来笔墨，他要把这个好消息写信告诉家人，好让他们也一起分享自己此时的快乐。

---

① 李桂林、戚名琇、钱曼倩编：《中国近代教育史资料汇编 普通教育》，第834页，上海教育出版社，2007。

校园生活

1921年9月26日,私立北京中国大学彩旗招展,人头涌动。上午9时整,伴随着洪亮的校钟声,中国大学开学式在学校大礼堂正式开始。据9月28日的北京《新社会报》记载:"到会者约七百人,颇极一时之盛。该校校务主任陈主素(容)、教务主任余仲衡(同甲)、前校长姚恨吾、政治科主任高一涵等,均有极详明、极剀切、极名贵之训词及演说"[1]。作为中国大学专门部法科九班的一名预科新生,杨峻德和班上141名同学以及本年考入中大的新生一起认真聆听了各位老师的演讲。

中国大学全景

当时,校长王正廷博士因为在上海为学校筹款而未能出席开学典礼,故首先由校务主任陈容发表演讲。陈容首先讲了对新生入学之希望:

---

[1]《新社会报》1921年9月28日。

1. 希望本校办学者与求学者之理想中,不但有教育救国的一种观念,并须有振兴中国的一条大路。这条大路,第一步为改变思想(改变争权力之思想为尽义务之思想),第二步为使政治入轨道,第三步为使法律生效率,第四步为振兴实业,第五步为发达教育。然此五步亦当同时进行。本校所设各科与此五点均有密切关系,故希望诸君共同向此大道进行。

2. 希望本校诸君如欲向此大路进行,切勿忘了他人,更勿忘了自己。专望自己尽力,则力量太小;专望他人实行,则空言无补。故希望诸君二方同时进行。

3. 希望本校诸君,如欲二方同时进行须有三种精神。一曰爱,二曰真,三曰善。学校如一小世界,若能将此学校变成一亲爱、真实、快乐之世界,然后渐次推及社会国家一大世界,变为风气,何幸如之? 故又希望诸君能勉力养成此三种精神。

4. 希望本校诸君如欲二方同时进行,须有四个主张,即中国大学四字。(一) 作事无所偏倚,不趋极端,而为[惟]善是从。(二) 办学求学、均为救国,而尤力谋兴国。(三) 大而有容、包含众善。(四) 社会国家诸问题,均当以学理解决。①

在提出四点希望之后,陈容主任又报告了近来学校所做的五项工作。接下来由教务主任余同甲演讲,首先讲了开学之感想及对大家的期望,接着重点讲了课程之设置、每周不超过36课时等情况,并提到对于外文的要求是能直接读懂原著,希望大家注意。同时,特别强调本科第四学年带有研究性质,希望大家注意论文及著作。

接着演讲的是前校长姚憾。他阐述了今日之开学式令他感到愉快的三点:一是本校历史上最好之民治精神,有继续之希望;二是对于以前成绩,可以继续发展其长处,补益所未逮;三是手奠国基、创办本校先烈之希望,可以完全达到。

---

① 《新社会报》1921年9月28日。

《益世报》刊登的1921年9月26日中国大学开学演说词

姚憾在任五年，致力于学校校务革新和学科建设，积极寻求经费支持，使得学校呈现出建校以来极为难得的发展气象。同时，在当时动荡的时局中，姚憾能够支持学生的爱国民主运动，尽力保护学生，赢得了学校师生的赞誉。1921年4月，姚憾遭学校某教员诬告私吞校款，法院不经审理便将其逮捕。后经学校庶务长、会计长金荣钧与校董吴育光连续40余天的申诉，法院终于还其清白。经此一劫，姚憾苦心经营学校之事才被大家所知，从而赢得了校内外的广泛尊重。姚憾沉冤得雪后不久，学校特意邀请其出席此次开学式，表明了全体师生对这位前校长的尊重与爱戴。

最后演讲的是政治科主任高一涵，主要表达了希望学校建设大图书馆和组织开展名人演讲会的愿望。

此次开学仪式从早上九时一直开到了下午二时许才宣告结束，每位演讲者都收到了满堂的掌声。对于杨峻德而言，这是他踏入大学校门后第一次聆听演讲，陈、余、姚、高所讲的内容，给他留下了深刻的印象。特别是陈容，他的四点希望，字字珠玑、句句在理，使得刚进入大学的杨峻德，对于未来的学习生活学什么、怎么学、学了做什么都更加清晰。陈容谆谆教诲广大学生，在振兴中国的大道上，既要埋首苦干，又要注意团结一切可以团结的力量，概括起来就是"中国大学"四字。对校名作此创造性的阐释，让杨峻德钦佩不已，而这四个字，连同那些金玉良言，深深印在了他的心里。

中国大学一学年分为两个学期，其中上学期为9月11日至次年1

月21日，下学期为2月22日至6月30日。杨峻德就读的是专门部预科法科（简称"法预科"），根据中国大学的教育章程，他须在一年预科考试合格后才能进入本科学习。

10月3日，中国大学专门部法预科九班开始授课。这一年的课程主要有：国文、预科英文甲、中国历史、西洋历史、世界地理、伦理学大意、论理学①大意、心理学大意、社会学大意、法学通论。

从预科的课程设置来看，其学习内容与中学时期有很大的重合。故而胡适后来谈及民国初期的预科教育时说："大学及各种高等专门学校皆不设预科，这固是我极赞成的。我常说，民国元年的学制把各省的高等学堂都废去了，规定'大学预科须附设于大学，不得独立'，那是民国开国的一件大不幸的事。因为，(1) 各省设立大学的一点小基础，从此都扫去了；(2) 各省从此没有一个最高学府了，本省的高等人才就不能在本省做学术上的事业了；(3) 大学太少了，预科又必须附在大学，故各省中学毕业生，为求一个大学预科的教育，必须走几千里路去投考那不可必得的机会，岂不是太不近情理吗？试想四川、云南、贵州的中学毕业生，必须跑到北京、南京才有一个投考预科的机会。这两年的预科教育，值得这么大的牺牲吗？"②

这种牺牲确实很大。中华民国成立后，随着各种法律制度的颁布和执行，全国从中央到地方，对于具备专业法律知识的人才需求量特

中国大学专门部法科九班部分预科生名单

---

① 即逻辑学。
② 璩鑫圭、唐良炎编：《中国近代教育史资料汇编　学制演变》，第930—931页，上海教育出版社，2007。

别大。反映在大学招生上,便是法科专业的报名人数远远多于其他学科。据1923年北京中国大学十周年纪念册记载,1913年(民国二年,即二年度①)专门部预科法科一班招收预科生360人,次年升入本科班238人;三年度预科法科二班招收预科生77人,合并他校一个班53人,次年升入本科班99人;四年度未招;五年度预科法科三班招收预科生111人,次年升入本科班123人②;六年度预科法科四班招收预科生179人,次年升入本科班55人;六年度预科法科五班招收预科生172人,次年升入本科班172人③;七年度预科法科六班招收预科生260人,次年升入本科班111人;八年度预科法科七班招收预科生204人,次年升入本科班106人;九年度预科法科八班招收预科生167人,次年升入本科班80人。到了1921年(即十年度),杨峻德所在的法预科九班招收预科生141人,1922年9月升入本科班78人,有63人因测试不达标等原因未能升学,可见当时的升学制度还是很严格的。

因为有中学学习的功底,这一年的预科学习,对杨峻德而言还是比较轻松的,他也很顺利地通过了晋级试验。这一年不必要的千里求学,给杨峻德造成了很大的经济压力。

中国大学教室

---

① 在该纪念册中,民国二年称为二年度,民国三年称为三年度,以此类推。
②③ 两年升学人数存疑。据现有资料,三年后的毕业人数远远小于升学人数,分别为59人、61人,即使算上部分未能按时毕业及肄业人数,也与升学人数相去甚远。

根据中国大学的规章制度，各科学生学费及讲义费每年分为两期，专门部本科及预科，每学期学费18元，讲义费4.5元。制帽、制服、徽章，冬夏二季共约10元。除此之外，他还需要缴纳报名费2元，基金捐5元。所有费用须在入学前3日缴清，凭缴费收据领取学生证。算下来，仅仅预科一年，杨峻德就得花费62元，这还不包括平时的生活费用。

自父亲去世后，家里完全由哥哥杨克仁一人支撑。北京城里的日常开销远远高于偏僻的吉阳小镇，高昂的学费对杨峻德而言，压力可想而知。为了不给家里增加负担，杨峻德在学习之余，尽可能地去找一些兼职工作。

位于宣武门外大街的福建会馆，为来往于京内外的福建籍达官贵人、文人墨客、商贾巨子提供了协调关系、联络感情的平台，也为杨峻德提供了难得的兼职机会。

当时，京城坊间流传着一本很有名的医书《弄心丸法》，由清朝四川籍医家杨凤庭于乾隆二十四年(1759)撰写。该书写成后，时人争先传抄，视为秘珍，1911年，由其再传弟子张兴龙捐资雕版，此书方才公之于众。此后，该书辗转流传至北京，并被许多人誊抄。

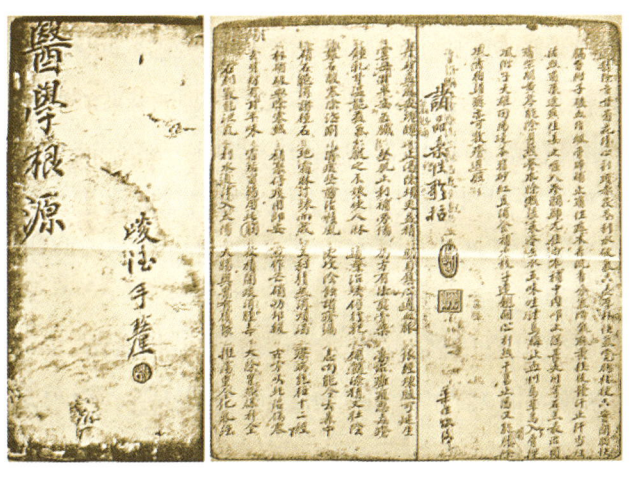

杨峻德手厘的医书

杨峻德从福建会馆某闽籍药材商人处接到了抄写《弄心丸法》的差事。他文字功底深厚，写得一手好字。整本书抄下来，不仅字迹工整，而且用时很短，得到了主顾的好评。此外，他还利用此前抄写医书的基础，整理订正了《医学根源》一书。在抄写的同时，杨峻德给自己设计了花押印章，看上去别具特色。抄写完成后，盖上自己的花押，他的心中洋溢着满满的成就感。

杨峻德亲自设计的花押

1922年9月10日，新学期开学前几日，中国大学因为学校财政紧张，宣布核增学费、讲义费，并决定停止招收中学生。学费上涨的消息，对于经济状况刚刚得到改善的杨峻德而言，无疑是苦涩的。

作为从闽北山区走出来的孩子，杨峻德比一般的同学更懂得考上大学对于自己、对于家庭意味着什么，于是便更加刻苦用功。面对繁重的学习任务，他为自己做好了周密的计划。白天他在课上认真听讲、做好笔记，课后尽快完成相关的作业。同时，他还利用空闲时间，继续从事着抄写工作。如果遇上主顾催得紧，他便不得不到校园里的路灯下，借着昏暗的灯光继续抄写。校园的灯光虽然昏暗，但总归不影响抄写，倘若遇上刮风下雨，便只有点着煤油灯在宿舍里抄写了。同学们见他如此忙碌，都劝他适当放松放松，切莫过于劳累。好在自兼职做了抄写员以后，杨峻德一日三餐得到了改善。虽然一周下来他也舍不得吃块肉，但是至少不用饥肠辘辘地去学习了。

因为学生来自全国各地，所以中大食堂饭菜的品种也就多了一些。某日，他和同学去膳堂用餐，只见墙上悬挂有一张红底白字的告示。几个人驻足观望，还没读几行，就有人捧腹大笑。原来这告示是这么写的：本厨房无易牙之能、羊羔之美，且各处嗜好不同，南方喜甜，北方喜咸，东方喜辣，西方喜酸，况以一人而调众人之口，更不能人人合意。南方吃饭吃菜不一,若四川、贵州芹椒辣子当先,广东以葱蒜海味当先,三江以三鲜汤当先,北方最喜吃面食,口蘑鸭子当先……这个告示乍看比较好笑,但也说明了中大的食堂还是不错的,毕竟厨师们还考虑到同学们来自四面八方,知道众口难调,希望以此告示取得大家的理解。

1922年9月12日,对于杨峻德和广大中国大学的学生来说,是一个值得庆贺的日子。这一天,建设历时一年半的中大图书馆竣工使用,成为这一时期学校最值得夸赞的校园建设工程。

图书馆的建设既得力于校长王正廷的支持,更得力于中大学生自身的迫切要求和主动筹划。当时,因国内政局动荡,国内各专门学校,一时限于经费,未能将图书馆有规模地建立起来。但中大学生有一个共识,即"大学都重视图书馆的设立"已成为一个趋势,而中国大学有三十余个班,一千五六百人,图书馆的设立当然是刻不容缓的事情。以学生会为主体,全校学生齐心协力、排除万难,考虑到学校北部文阳楼"地点僻静、建筑典雅",最适合静心读书,遂将其选为图书馆建馆地址。同时,中大学生还成立了募捐筹备图书馆委员会,派人各处筹集经费,用于建筑图书馆、购买书籍、聘请专家。

建成后的中大图书馆"上下共三十余间,复经加以修饰,楼前点缀花草树石,极为清幽;楼上除一间作办公室外,其余全为书库;楼下为阅览室,可容二百余人"。虽然当时藏书尚少,但已有基础,图书除了自购以外,"幸赖各方捐赠,始蔚然可观"。[①]

图书馆建成后,学校特意延长了阅览室的开放时间。每周一至周六上午8时至下午5时、夜间7时至10时为阅览时间;星期日午前开馆,午后休息。暑假期间,上午及夜间,馆照开,下午停览;寒假期间,上下午照常开馆,夜间停览;特别假期则停止阅览。这样的安排,极大地方便了广大热爱阅读的同学们。

---

① 参见陈瑜《中国大学研究(1912—1949)》,北京大学硕士研究生学位论文,第19页。

中国大学图书馆内景

9月15日,中国大学专门部本科法科九班正式开学了。班上总共78人,除了从预科升上来的同学外,还有一小部分是插班生、编级生。也就是从这一年起,中国大学在民国高校中开"学分制"之先河,这种课程考评制度一直广泛运用至今。

学校各科在课程设置上分为必修课和选修课,均采用学分制。学分计算方法为:授课一小时,即为1学分,但实习及作文每两小时为1学分。大学部各科四年须学完80学分毕业,专门部三年则须学完60学分毕业。"学分制"极大地发挥了学生学习修业的自主性,在保证完成本专业课程之余,本人根据兴趣,可自由选择其他各科课程,每科课程皆以课时、最终考评成绩录入学分。修满学分,即可毕业。

中大专门部法律学系本科共开设29门课程,其中必修科共21门,分别为宪法、民法总则、民法债权、民法物权、民法亲属、民法继承、刑法总则、刑法分则、商法总则、商行为、公司条例、票据法、保险法、海商法、法院编制法、民事诉讼法、刑事诉讼法、强制执行法、国际私法、本科英文一、本科英文二。选修科共8门,分别是罗马法、破产法、监狱学、国际公法、中国法制史、刑事政策、行政法总论、社会学。

对于具体课程设置,中国大学章程规定,专门部本科各学科,第一学年完全为必修科,第二学年四分之三为必修科,第三学年三分之二为必修科。在第一外语课程方面,学校章程规定,第一、二学年必须修

中国大学专门部法科本科必修学科分配表

满8学分。从课程的设置和学分要求来看,学习的任务还是很重的。好在杨峻德从小便在学习上积极主动、勤奋刻苦,每门功课都能取得不错的成绩。

1922年进入本科班后,杨峻德明显地感觉到经济压力比在预科班大了不少——上涨的学费、讲义费、伙食费,此外遇到校园里组织的募捐活动,他也会从口粮中省出一些来捐出去。潘培炎知道杨峻德的境况,也知道他兼职做抄写员赚不了几个钱,于是建议他和自己一样,加入学校的工读互助团。

杨峻德(右五)大学期间与同学合影

工读互助团由中大的教职员发起组织,1920年初筹备成立①,其创设目的为:"劳工神圣,至今日而誉满全球。成人可类以自立,青年可藉以休养。本校临近居户,贫苦居多,创设工读互助团,借资本与贫苦子弟,使可营业。余利供学膳等费,知识职业并进一举两得之事也。"②

在运行方式上,"本团提倡劳动精神,实行半工半读主义,共分五组:(一)食堂勤务组(二)学校勤务组(三)营业组(四)手工制造组(五)印刷组。每日平均做工四小时,以所得工资充作学膳费。如团员有疾病等事,无力负担时,得由本团担任之。组织以来,苦学生之藉以维持者实不少也"③。

当杨峻德看到工读互助团的章程后,觉得这个社团很符合自己的需要,当即决定加入。但是对于到底加入哪个组,他却有些犹豫。潘培炎自己是学商科的,因此便加入了营业组。他知道杨峻德对做生意不感兴趣,便半开玩笑地建议他加入食堂勤务组,说是这样至少可以吃得好。杨峻德虽然也同意这个看法,但是觉得这样就和自己的志趣相差甚远了。

经过一番思量之后,杨峻德决定加入印刷组,理由是自己之前是做抄写工作的,虽然费时费力,但是却能够在抄写的过程中学到很多知识。现在做印刷,不仅比抄写方便了不少,而且还可以在第一时间挑选自己喜欢的书刊阅读,岂不妙哉。听他这么一说,潘培炎也觉得加入印刷组的确是个好主意。

从此以后,在学习之余,杨峻德便当起了印刷工。印刷时,首先要刻蜡版,就是把蜡纸垫在一张30厘米长、10厘米宽的钢板上,钢板上面有密密麻麻的格子,然后用一支非常锋利的铁笔,将文字刻上蜡版。刻完蜡版后,把蜡纸固定在油印机的纱网上,下面铺好一叠纸,再用油滚子均匀地蘸上油墨,把纱网按平,力度轻重合适,缓缓地推着油滚子往前走,油墨便透过蜡纸印在白纸上。

---

① 参见张光宁主编,王红等撰写《中国社团党派辞典》,第76页,陕西人民出版社,1992。
② 《北平私立中国大学概览》,1925。
③ 《中国大学概览》,1922。

比起其他的工作,印刷绝对是个技术活,要求印刷的人除了字写得好外,还必须细心和有耐心。由于蜡纸非常薄脆,因此刻的时候必须特别有耐心。刻得轻了,印出来的字看不清楚。倘若力道重了,划破了蜡纸,油印时会漏油墨,纸张上就会墨迹斑斑。这样一番操作下来,便会指头发麻、眼睛发干、脖子发酸。

比起抄写来,印刷要辛苦得多,但是效率却也高了不少。对于刚刚学习印刷的杨峻德来说,一天4个小时,确实是有点吃不消。不过刻板的过程中第一时间能读到各种文字,足以使他克服劳累。在经过短暂的练习后,他很快就学会了操作,并渐渐熟练了起来。

参加工读互助团后,杨峻德的空余时间明显少了很多。但只要有闲暇时间,他便会来到图书馆里,挑选自己感兴趣的书籍来阅读。中国大学在严格抓好学生学业的同时,也十分注重学生的德智体全面发展。学校每学期都会举办各种类型的游艺会、运动会、演讲会等,极大地丰富了学生们的日常生活。

1923年4月13日,是中国大学建校十周年纪念日。学校对此次庆典高度重视,在1922年12月18日便成立了筹备会。筹备会立即展开了各项准备工作。杨峻德因为有印刷工作的相关经验,因此便报名参与了《中国大学十周年纪念册》等各种纪念刊物、小册子的印刷工作。仅《中国大学十周年纪念册》就有330余页,要印刷数千本之多,对于印刷组的同学们来说,工作量是十分庞大的。但是杨峻德和印刷组的各位同学凭着对学校的热爱,赶工赶点,毫无怨言,认真仔细地完成了

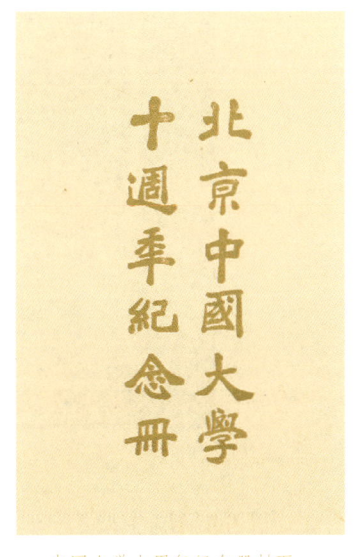

中国大学十周年纪念册封面

每一道工序,为大会印制了高质量的刊物,得到了前来参会的各位嘉宾的好评。

1923年3月13日,上海《时报》便刊登了《中大十周年纪念预志》,

向读者介绍了此次庆祝大会的筹备情况、活动日程安排。本次庆典于4月11日开始,14日结束。第一日是预会,专门为本校学生观赏,以避免后面几日的拥挤。第二日白天在校举行游艺,晚间举行校外提灯大会。第三日为该校成立之正日,上午十时举行庆祝大会,下午游艺。第四日早晚都是游艺活动。连续四天的庆祝活动,其热闹程度可见一斑。

4月13日上午8时,中大开校十周年庆祝大会正式开始。莅会者有校董事、职教员及男女学生约千人,来宾也有数千人。美国和德国公使馆参赞等外宾亦前来祝贺。大会首先由教务主任余同甲报告开会情形,推举董事慕学动为临时主席,总统代表彭允彝为副主席。美、德公使及学校诸位董事也相继演说。12时,该校男女学生高唱校歌与英文歌曲,各位来宾尽欢而散。

在本次校庆期间,学校组织了规模盛大的游艺活动。游艺活动的主要节目由中大的共乐会、平民学校、体育会三个团体负责演出。节目有新旧戏剧、魔术、舞蹈、音乐等。所有节目中,属新剧最受大家欢迎。

中国大学十周年庆祝大会

当日的新剧主要有《车夫的婚姻》《恶少年》等。《车夫的婚姻》讲述的是银行家李华南之女李笑凌与救命恩人杨志新(杨为大家族之庶子,其父病故后不为嫡出所容,愤而离家,自食其力)冲破封建牢笼,追求自由恋爱的故事,旨在宣传恋爱自由和劳工平等。

在杨峻德和同学们看来,这部剧初看似平淡无奇,但是细心品来,可以看得出是一部用意绝佳的作品。扮演李华南的演员，表演得极其自然，每一个动作都能把剧本中的意境情景表达出来。扮演李笑凌的演员，发音清晰，表情描摹尽致，服装更换与剧情极为契合。他们认为，对于在校学生而言，两位演员的表演已经是非常不错了。

在看完新剧之后，他们还看了会旧剧，当天的旧剧有《骂曹》《送酒》《南天门》等，但由于这些旧剧大家以前多少都看过一些，因此吸引力自然不如新剧，杨峻德也和其他人一样，中途便悄悄离开了。随着14日游艺活动的结束，中大开校十周年庆典活动也宣告结束。

学以致用是中国大学一个非常重要的教学方针，在教学过程中，学校特别注重培养和提高学生服务社会的能力。无论是专门部还是大学部，学校都会根据学生所学专业实际情况，安排不同类别的实践活动。由于法学、商学二科是学校最大的两个专业，因此学校还专门建有模拟法庭、模拟银行供两个专业及其他感兴趣的学生实践。杨峻德多次参与了班级或同学们组织的模拟审判活动，无论是扮演法官还是律师，他都会根据审判案例，提前做好准备工作。省立五中期间的演讲经历，给了他足够的锻炼。因此每次参加模拟审判活动，他表现得都很出色，以至于同学们都夸赞他天生就适合当法官。

中国大学法科学生法庭实习

真理光芒

十月革命后,马克思主义以其革命性和先进性,吸引了以李大钊为代表的中国大批先进分子,开始在中国传播。五四运动爆发后,全国各地的知识青年成立了三四百个进步社团,创办的刊物多达数百种。这些社团和刊物纷纷宣称自己是以改造社会及介绍新思潮为目的。一时之间,以实用主义、无政府主义、基尔特社会主义、新村主义、泛劳动主义、工读互助主义为代表的各种新思潮在社会上广泛传播,有的甚至达到了泛滥的地步。

当时,中大校园里的出版物也如泉涌般出现。如以"本科学的研究,良心的主张,唤醒国人彻底的觉悟,鼓舞国人革新的运动,以促进社会改革"为宗旨的《曙光》①;以"提高思想,研究改造现社会之方法,及输入可供研究之资料"为宗旨的《晨光》(双月刊)②;以"供给中国商人以一般常识,使其在商战中,得立稳固地位与进取精神"为宗旨的《商学季刊》;以"使学术界具一种批评精神,不为成训及习惯所约束"为宗旨的《批评旬刊》。虽然这些杂志有的属于学术刊物,但却无一例外地充当了宣传、介绍新思潮的窗口。

各种新思潮的广泛传播,形成了学说竞起、百家争鸣的局面。虽说一些新思潮在一定程度上可能会对社会发展产生消极影响,但也极大地促进了中西文化的交融和人们思想的解放。

在这一背景下,思想文化界发生了著名的"问题与主义之争"。1919年7月,胡适发表了《多研究些问题,少谈些"主义"》一文,8月,李大钊以公开信的形式,对其观点进行了驳斥。李大钊指出,社会问题的解决必须依靠多数人的共同运动,而要有多数人的共同运动,就必须

---

① 《曙光杂志社成立宣言》,《曙光》第1卷第1期,1911年11月1日。
② 《晨光》双月刊,第1卷第1号,1922年5月30日。

有一个共同的理想、主义作为准则,所以谈主义是必要的,如果不宣传主义,没有多数人参加,社会问题永远也没有解决的希望。针对胡适反对"根本解决"的改良主张,李大钊运用马克思主义的唯物史观,阐明了中国问题必须从根本上寻求解决的革命主张。

论战过后,李大钊意识到当时各种各样的新思潮涌进中国固然能促进人们的觉醒,但是裹挟其中的不良内容,对于五四以后日益觉醒的青年却是有害的,必须要用正确的、可行的思想去引导这些激进的青年们。

李大钊在《我的马克思主义观》一文中,对当时社会上传播的不准确的马克思主义和真正的马克思主义进行了甄别,系统介绍了马克思主义的哲学、政治经济学和唯物史观以及科学社会主义的基本原理,该文分两期连续刊登在《新青年》上。

1921年,杨峻德进入中国大学读预科时,那场著名的论战虽早已告一段落,马克思主义也在论战中一步步扩大了思想阵地。然而这并不意味着其他思潮的失败,更不意味着马克思主义已经占据了主导地位。相反,在思想文化界,特别是在青年知识分子最为集中的高校,各种思潮都在积极争取着青年人的认同。

在学习期间,杨峻德虽然因为家庭经济的原因而不得不做一些兼职工作,但是对新知识新思想的渴求并没有因此而减弱,他抓紧一切空闲时间,如饥似渴地阅读起了书籍和报纸。他还特别留意校园内的讲演广告,但凡有感兴趣的内容,他都会挤出时间去听一听。

10月22日,杨峻德聆听了北大教授胡适先生在中大的讲演,题目是《好政府主义》。他的讲演内容,概括起来主要有三个方面:(一)政治目标是什么?建立一个"好政府"。(二)"好政府"是什么?它既不是神权的,也不是有害无益的,而只是一种工具,其特性是有组织、有公共目的的权力,可促进社会全体的进步。(三)好政府怎么来?一是大家必须觉悟,积极参与政治;二是要有公共目标;三是要由好人组合起来。胡适讲演的根本观点就是,当时的中国,只有建立了由好人组成的具有公共目标的好政府,中国面临的问题才能得到解决,中国才能有未来。

听了胡适的讲演,杨峻德觉得他的观点倒是很有新意,学到了以前不曾接触过的东西。但是他毕竟才从偏僻的闽北山区走出来,无论学识还是眼界,都无法对其作出评判。他现在唯一能做的,就是多读书。

10月底,当得知李大钊先生即将来校讲演的消息后,杨峻德特别高兴。早在五四运动期间,杨峻德就知道李大钊、陈独秀两位先生是倡导新文化运动、传播马克思主义的旗帜性人物。在参加了反帝反封建的学生运动之后,他一心来北京求学,就是想在这五四运动的发源地,亲身体会青年学生的青春伟力,沐浴救国之道的真理光芒。而今竟然很快就能见到李大钊先生,亲耳聆听他授课了,这是多么激动人心的事情啊!

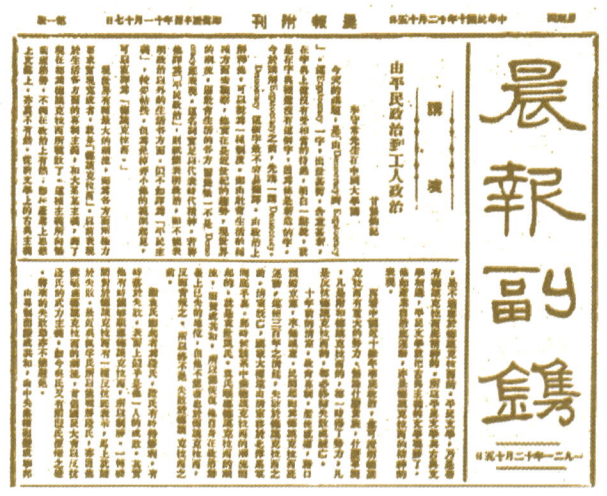

1921年12月15日《晨报副刊》刊登的李大钊讲演稿

11月3日,杨峻德和同学们只见一位平顶头、椭圆脸、浓密八字胡须,穿一件灰色长布夹袍的先生来到了大礼堂,不用作介绍,大家都知道他便是李大钊先生。先生这次讲演的题目是《由平民政治到工人政治》。他首先解释了什么是 Democracy(直译为德谟克拉西,文中翻译为平民政治),并通过回顾清帝因无力对抗平民政治而逊位以来,袁世凯、段祺瑞、吴佩孚等人你方唱罢我登场,皆源自其对待平民政治的态度。当他们顺应平民政治的潮流时,便能够取胜;相反,当他们逆平民政治的潮流而动时,便无可避免地走向失败。民众之于君主如此,地方之于中央亦如此。

接下来,李大钊又解释了什么是 Ergatocracy(直译为伊尔革图克拉西,文中翻译为工人政治),并介绍了这个词汇是为俄国革命胜利后建立的劳农政府而专门创造的,然而由于俄国尚存在资产阶级,因此尚未达到纯粹的工人政治。而无产阶级之所以使用 Ergatocracy 而非 Democracy,就在于 Democracy 已被资产阶级用坏了,因此才专门创造了 Ergatocracy 这个新词汇。

最后,李大钊对社会主义和共产主义作了介绍。他根据当时欧洲社会主义者(德国的半有产阶级)和共产主义者(俄国的无产阶级)的不同,认为社会主义是社会党人,即半有产阶级的运动;而共产主义则是无产阶级的运动。李大钊认为此时的社会主义与共产主义都在孕育期间,尚不能明确地指出二者到底是怎样一种制度。但是在他的心里,却认为社会主义有三点特征:一是知的方面,社会主义是对于现存秩序的批评主义;二是情的方面,社会主义是一种我们能以较好的新秩序代替现存的秩序的情感;三是意的方面,社会主义是我们为实现一种新秩序而做的努力,即以工人政治代替资产阶级的平民政治的努力。

最后,李大钊先生特意感谢了大家静听讲演的盛意,全场响起了热烈的掌声。讲演结束后,校长王正廷特意请摄影师为李大钊先生和观众在礼堂前拍了一张合影以作留念。

李大钊(前排右五)与校长王正廷等人在中国大学合影留念

此次讲演，对杨峻德而言是一个极大的触动，他发现自己对马克思主义、社会主义、共产主义的了解太少了，李大钊先生讲的新名词、新观点，自己听都没有听过。他甚至自嘲为一介莽夫，一心想到北京寻找救国救民的方法，然而却空有一腔热血，手上没有武器，脑中更没有思想。于是，他下定决心，一定要多读书，多读先生们的文章，进一步了解他们在想什么、做什么。他从图书馆借来了《新青年》《新潮》《国民》等杂志，甚至还去图书馆寻找已经被封禁的《每周评论》，如饥似渴地阅读起来。

《敬告青年》是1915年陈独秀为《青年杂志》创刊号而写的，他在文中向青年提出"自主的而非奴隶的""进步的而非保守的""进取的而非退隐的""世界的而非锁国的""实利的而非虚文的""科学的而非想象的"六条希望，号召青年从消极、保守、退缩、闭塞思想的束缚下解放出来，同腐朽的封建意识作斗争。

《我的马克思主义观》连载于1919年5月、11月《新青年》第六卷第五号、第六号。文章中，李大钊首先全面介绍了马克思主义在经济思想史上的历史地位。其次介绍了马克思主义学说的体系。然后，着重介绍了马克思主义的唯物史观和经济学说。杨峻德认为，这是他读过的最完整、最系统介绍马克思主义的文章，读完以后，他对马克思主义的理解比之前更加深入了。

除了阅读这些文章，杨峻德还在中大《曙光》杂志上发现了李大钊于1921年3月发表的《社会主义下之实业》《中国的社会主义与世界的资本主义》等文章。这一篇篇力透纸背的文字，处处洋溢气势磅礴、一往无前的革命气概，杨峻德读完以后，觉得自己浑身的血液都沸腾了起来。透过这些闪烁思想光芒的文字，他能够感知到先生们心底对国家、对人民的悲悯。那种悲悯，和自己是一样的。他利用和葛越溪、潘培炎等人相聚的机会，交流了思想。一群年轻人在坦诚相见中，增进了对马克思主义等各种新思潮的见解。

杨峻德再一次听到李大钊先生讲演，是整整一年后的事了，只不过和上一次应邀而来不同的是，这一次先生是以教员的身份讲演的。

1922年上半年，李大钊受聘为中国大学经济系教授。当年12月16日，先生应中大哲学系读书会的邀请，作了《社会问题与政治》讲演。

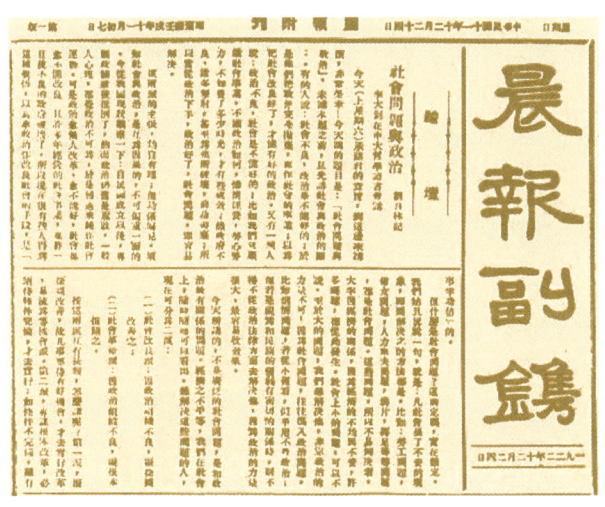

1922年12月21日《晨报副刊》刊登的李大钊讲演稿

李大钊首先批判了一些人将社会与政治割裂开来的观点，认为社会与政治是互为因果的，不可偏重某一方面。而如果要解决一些大的社会问题，非要用政治不可，因为政治的力量很大，最容易见效果。

李大钊接着说，对于现今的社会问题，有两派人。一派为社会改良派，因为政治组织不良，徐图改善之；另一派为社会革命派，因为政治组织不良，想从根本上推翻之。他认为二者各有长短，徐图改善必须要有合适的机会，否则易成为"等机会派"；而希望革命者，则必须等条件完备，对于小机会，反而不屑于进行，以至浪费机会。李大钊认为即使条件未成熟，也应朝着大方向努力，同时抓住一些小机会，这样既不会坐等机会，也不会太失去机会。

对于妇女参政和劳工这两方面问题，李大钊认为绝非简单的平民团体能解决，而必须组织强有力的政治团体。有了强有力的政治团体，才能掌握政权；先得到了政权，才能徐图解决自身问题。但是无论是政治团体还是政权，都是建立在经济基础之上，所以要想从根本上解决问题，非要打破阶级不可。而想要打破阶级，就必须抓住一切可能的机会,组织平民团体,壮大政治力量。因为政治力量可以解决一切社会问题。

对于杨峻德而言,能够再次近距离聆听李大钊先生的讲演,是一件多么令人兴奋的事情。先生那和蔼可亲、虚怀若谷的长者风度,让他感到特别亲切。

高一涵

在这之前,杨峻德还曾聆听中国大学政治学系主任高一涵先生讲演的《共产主义历史上的变迁》。他首先介绍了什么是共产主义,然后将共产主义的变迁划分为三个阶段:一是从伦理基础上立论的共产主义,主要对柏拉图的共产主义作了介绍,并将其与近代的共产主义作了比较。二是从人道基础上立论的共产主义,主要介绍了博爱派(基督教徒)、小说派(以小说《乌托邦》为代表)、新村派(以傅立叶、欧文为代表)三个派别。三是从经济基础上立论的共产主义,主要介绍了马克思的共产主义学说。高一涵认为马克思关于共产主义的学说立脚点主要在"经济的必要",有了某种经济的必要,才有某种经济的制度;某种经济的必要消灭了,在其基础上产生的制度也必然跟着消灭。并认为现在的共产主义者把经济问题看得很重,不解决经济问题,决不能解决政治问题。如今的问题在于解决经济问题的方法,至于共产主义制度是否可行的问题,老早就不用讨论了。

聆听了李大钊等人的讲演,并通过一段时间的学习和思考,杨峻德回顾了过去一年来的经历,认为自己把更多的时间用在了学习专业知识和做兼职工作上,这样固然可以解决自己的经济问题,把书读好,但和自己当初来北京读大学的初衷还是有很大的距离。他觉得自己就像是李大钊先生所讲的"等机会派",等自己学业有成,等救国救民的机会……这样下去,必定一事无成。因此他决定花更多的时间去做一些实际性的工作,这样便能像李大钊先生讲的那样,朝着一个大方向努力，既不会坐等机会，也不会失去机会。他的这些新认识，得到了葛越溪、潘培炎等人的支持和认可。

1923年2月7日，军阀吴佩孚在英帝国主义的支持下，血腥屠杀京汉铁路50余名罢工工人，中国共产党党员、中国工人运动的先驱林祥谦壮烈牺牲。消息传到北京后，在中国共产党的领导下，北京社会主义青年团、北京学联组织北京高校学生走出学堂，英勇地投入斗争。他们要求"赶快援助工人，与被压迫阶级联合，一致起来为自由而战"①。

中大学生会响应号召，于2月9日组织本校学生与北京各大专院校学生及工人前往新华门游行示威。杨峻德积极报名参加。当天，他和游行队伍一起，每人手里拿一面小旗，写着"援助工人""打倒军阀""还我自由"等字样。当队伍经过新华门时，1000多名学生和工人举起拳头，高喊口号，愤怒地把手里的小旗抛入新华门铁栅栏内。第二天，杨峻德又和同学们走上街头，向市民讲演，并发起募捐活动。

本次游行活动由于有了中国共产党的大力支持，学生的思想觉悟、斗争水平都有了明显提高。杨峻德积极参与游行示威、发表讲演、组织募捐，斗争能力也得到了锻炼。

1923年1月，在福建的粤军——东路讨贼军奉孙中山命回师广东，盘踞福建多年的北洋军阀、福建讨逆军总司令李厚基也被吴佩孚北京政府"召还"。4月，直系军阀孙传芳、周荫人受吴佩孚命令率军入闽，与皖系军阀王永泉在明争暗斗的同时，继续搜刮着福建的民脂民膏。

从1913年11月李厚基奉袁世凯命率兵入闽，到1923年4月孙传芳、周荫人乘虚而入，整整十年间，各级贪官污吏沆瀣一气，横征暴敛，民不聊生。最可恶的是他们还强迫农民种植罂粟，把它作为军饷和发财致富的主要来源，使得烟毒在闽进一步泛滥。

目睹福建人民的悲惨遭遇，为了唤起民众觉醒，改造社会，杨峻德

---

① 《北京学生联合会日刊》1923年12月9日。

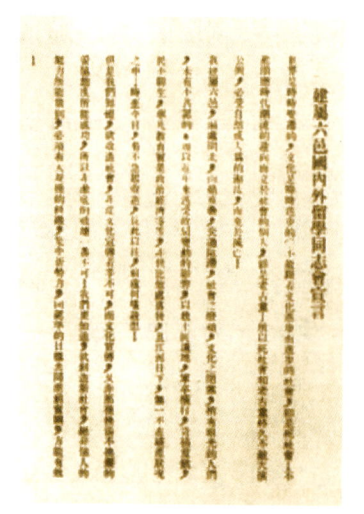

《建属六邑国内外留学同志会宣言》(部分)

和葛越溪、潘培炎联合了江禹烈①、衷志纯②等在北京的闽北籍学生，组织成立了建属六邑③国内外留学同志会，发表了《建属六邑国内外留学同志会宣言》。

建属六邑国内外各留学同志：

世界是时时变迁的，文化是时时进步的。不能跟着文化进步而进步的社会，即是死社会，不能顺应时代潮流的趋向而立足于社会的个人，即是老古董！所以死社会和老古董终久不敌天演公例，必受自然或人为的淘汰，而至于灭亡！

我建属六邑，偏处闽北，山岭重叠，交通阻滞，社会至废顽，文化闭塞，稍有眼光的人们，未有不公认的。加以近年来迭受政局变动的影响，以致土匪遍地，军卒横行，苛捐重敛，民不聊生。举凡教育实业政治经济等等，非但比他处落后，且江河日下，无一不在破产状况之中。

时至今日，苟不急起改造，长此以往，前途何堪设想！

但是我们知道，欲改造社会，非从文化宣传着手不可，而文化宣传，又非那种换汤不换药的妥协态度所能成功，所以非彻底的

---

① 江禹烈(1899—1926)，原名家辉，字甸之，福建崇安人。1922年考入国立北京工业大学，次年与杨峻德等人组织成立了建属六邑国内外留学同志会。1925年10月在北京参加反对帝国主义与段祺瑞勾结召开关税会议的斗争，并加入"学生军"和"敢死队"参加示威游行，年底加入中国共产党。1926年3月18日，在北京参加中国共产党领导的抗议帝国主义侵犯主权的示威游行斗争，遭到段祺瑞政府血腥镇压，中弹牺牲，为"三一八惨案"47名烈士之一。

② 衷志纯(1898—1948)，福建崇安人。1922年考入国立北京工业大学，次年与杨峻德等人组织成立了建属六邑国内外留学同志会。1925年加入中国共产党。1926年3月18日在北京参加中国共产党领导的抗议帝国主义侵犯主权的示威游行斗争。1927年7月，中共崇安特别支部成立后，又参加组建中共闽北临委工作。后赴德国留学，回国后在广西大学任教，新中国成立前病故。

③ 建属六邑，即原建宁府下辖的建瓯、建阳、崇安、政和、松溪、浦城六县。

破坏一番不可！我们更知道,欲创造新社会,绝非个人的能力所能做到,必须规模的组织,集中新势力,向认准的目标共同前进奋斗,方能有效。

有鉴于此,特成立"建属六邑国内外留学同志会",其宗旨如下:

一、爱故乡,爱父老乡亲,为福建人民谋幸福。

二、坚决反对军阀战争,恢复地方和平与安定。

三、宣传新文化精神,呼吁自由民主之风气,扫除一切封建愚昧。

四、扶正祛邪,打倒一切恶势力。

五、团结,奋进,发展壮大。

建属六邑国内外留学同志会
民国十二年九月

为了宣传新文化精神,开启自由民主之风气,杨峻德等人收集了《新青年》《觉悟》《向导》等刊物和一些介绍马克思主义理论的书籍,通过邮局寄送到省立五中和建瓯图书馆供大家阅览,开启了马克思主义在闽北传播的先河。

创办《建声》

1923年9月,《建属六邑国内外留学同志会宣言》发表后,一些在外求学的建宁籍学生纷纷给杨峻德等人写信,在为家乡父老遭受苦难悲愤不已的同时,还提出了许多建议,这让杨峻德备受鼓舞。

当时,很多在京求学的大学生,出于对社会上各种不平之事的激愤无处表达,便办起了报刊,一方面抨击时政,另一方面传播各种新思潮,启迪民智、除旧布新。在北大读书的葛越溪注意到了这一情况,便

"萌生自己办报的想法,即向杨峻德提出,得到杨的赞同"①。杨峻德认为,如果要办报刊,除了增加人手外,还得增设通讯员。于是他将办报的事情写信告诉了"建属六邑国内外留学同志会"的成员。潘培炎因为临近毕业无法参与,因此决定由专门部法科十一班的叶舒②协助杨峻德、葛越溪二人,并请翁树年③担任上海方面的通讯员。

待诸事确定以后,杨峻德利用周末时间,约上叶舒一起来到了北大葛越溪的宿舍,讨论办报的事情。经过一番商量,他们决定办一份半月刊,刊名定为《建声》,英文名 THE CHIEN SHENG,意即传播福建和建瓯的声音。考虑到葛越溪的宿舍比较宽敞,因此就将其作为办公室来做编辑、印刷工作。商量好以后,大家开始分头撰写文章,同时也向熟悉的闽北籍学子约稿,待收集到一定数量的稿子后再正式出版。

这一年的寒假,杨峻德和葛越溪、叶舒三人都没有回家,事实上自到北京上学以来,因为路途实在遥远,他们寒假从没有回过家。只不过比起往年,今年的假期注定比以往过得精彩。东直门内手帕胡同(今东手帕胡同)18号是北京大学文学系的宿舍区。在葛越溪的宿舍里,三个年轻人将收到的稿子刻板、印刷,忙得热火朝天、不亦乐乎。一个假期下来,总共印了1000多份。看着一张张散发着油墨味的刊物,他们觉得特别有成就感。

1924年2月19日,星期二,甲子鼠年正月十五,由杨峻德、葛越溪和潘培炎创办的《建声》半月刊在这一天正式创刊。之所以选在这一天,是因为杨峻德认为当天是元宵佳节,是一年中第一个月圆之夜,代表着一元复始、大地回春,以此祝愿福建和建瓯能迎来新的开始。

《建声》半月刊第一期共8页,刊登了13篇文章,1篇特别启事。

① 葛越溪:《关于杨峻德的回忆材料》,1985年3月19日。
② 叶舒,字泳沂,生卒年不详,建瓯党城人。1923年7月毕业于福建省立五中,同年考入中国大学专门部法科预科,毕业后回建瓯从事律师工作。
③ 翁树年(1902—1934),本名翁德盛,字树年,建瓯吉阳人。1922年毕业于福建省立五中,1925年从上海美术专科学校毕业后回乡任教。1926年冬加入中国共产党,后任中共建瓯县委委员,1927年8月至1928年8月担任共青团建瓯特支负责人,期间担任省立五中校长。1928年8月,因建瓯反动驻军卢兴邦镇压革命而逃往上海,与党组织失去联系。

杂志虽然标明了价格,但是为了唤醒家乡人民的斗志,杨峻德和葛越溪、叶舒除了向在京的福建学子送发外,大部分寄回了建瓯和福建其他各地学校。他们还特别声明,《建声》杂志全部赠阅,海内外同志、民众、学生及一切团体、各类学校、图书馆,只要提供地址,便会寄送一份。这对于正在上学的大学生而言,委实不易。

在发刊词《建声半月刊出版的意思》中,年轻的创办者们表达了三点意思:

一是"不得不说话"。"在这旧分子日坏一日,旧社会日糟一日的环境,旧势力已暴露它的罪恶,民众们已失去他的信仰,正在寻求如何对付"时,我们新青年,"眼看民众们在那里凄凄惨惨的叫救,想念我们应尽的义务责任。此时万不能再事隐忍,不得不开口说话了"。

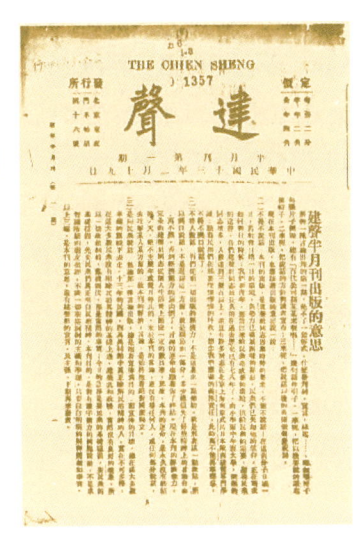

《建声》半月刊创刊号

二是"不替人说话"。"从前一切出版的经济力,不是这里求一点补助,就是那里谋一点津贴。"以至于开口说话时左右顾忌,"多少总损失了好些精神上的言论自由"。"本刊的经济能力,完全由建声社同志从个人生活费上节俭一定的数目来,那么本刊的运命是永久没有终结的一天。"因此,"本刊的经济、言论是始终抱着绝对纯洁独立"。

三是"向民众说话"。"十三年的民国,四万万同胞中真正了解民治精神的人实在不可多得,今日的急务是要民众的基础稳固,要民众的基础稳固,先要民众们真正明白民治精神,本刊目的是对有识字能力的同胞说话,不是求智识阶级的朋友批评,不谈一切空空洞洞的主义和学理,只要白白明明的解释问题和事实。"①

正如在发刊词中所说的那样,《建声》半月刊第一期12篇文章的作

---

① 《建声半月刊出版的意思》,《建声》第1期,1924年2月19日。

者全部来自福建,其中以建瓯籍最多,如杨峻德、葛越溪、叶舒、葛焰年①、葛灼年②、翁树年、杨仲晦③等人。这些年轻人,对于时事政治、社会热点都发表了自己的见解,尽管他们的文笔还显稚嫩,但是字里行间无不洋溢着昂扬的斗志,流露着对家乡和父老乡亲的热爱。

在这一期的《建声》中,作为创刊者的杨峻德、葛越溪、叶舒均发表了文章。杨峻德在《我国贫弱的根本原因》一文中指出,"中国贫弱的源泉,正是中外人所同恶的'军阀专政':大小军阀各霸一方,全国兵马财政大权,都操在各省督军总司令之手,中央政府的命令等于废纸,省长是督军的附属品,省议会是他的留声机器,法律舆论都随他的枪刃俯仰而转移",其后果就是"中央财政枯竭""国家濒于破产"。

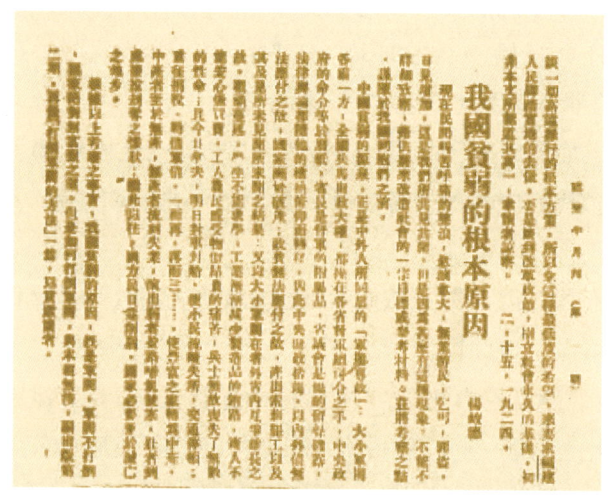

杨峻德发表的《我国贫弱的根本原因》

杨峻德进而指出,"军阀专政"固然可恶,但更可怕的是"大小军阀在省外省内互争雄长",以致"战祸蔓延,学生不能求学,工业渐渐减少

---

① 葛焰年,字伯亮,生卒年不详,建瓯吉阳人。1923 年 7 月毕业于福建省立五中,后考入北京民国大学。
② 葛灼年,字仲华,生卒年不详,建瓯吉阳人。1923 年 7 月毕业于福建省立五中,后考入北京民国大学。
③ 杨学亮,字仲晦,生卒年不详,建瓯霞镇人。1919 年 7 月毕业于福建省立五中,后考入北京朝阳大学。

制造品的销路,商人不能安心做买卖,工人农民感受物价昂贵的痛苦,兵士无故丧失了无数的性命。且今日拿夫,明日封车封船,使小民流离失所,交通停顿,重征捐税,动借军债……""使丰富之家转为中产,中产者至于无产,无产者流到失业,演出弱者盈路啼饥号寒,壮者到处攘剥夺之惨状"。长此以往,国力民力"日益削弱,国家必要至于灭亡之地步"。

自袁世凯病亡以后,中国便进入了持续十余年的军阀混战时期,满目疮痍,哀鸿遍野,劳苦大众陷于水深火热之中。杨峻德的文章,尖锐地指出了当时中国贫困羸弱的直接原因,促进了广大同胞的觉醒。在文章最后,杨峻德总结道:"我国贫弱的原因,即是军阀,军阀不打倒,国家绝对无富强之望。"①至于如何打倒军阀,他准备在第二期的《打倒军阀的方法》一文中予以回答。

然而由于《建声》"内容主要是抨击军阀统治及揭露社会上各种黑暗现象,措辞也较激烈,被警察局从邮局里扣留并勒令停刊"②。在被警察局扣押刊物和要求停刊后,杨峻德等人并没有因此而退缩。从第三期开始,他们改集中邮寄为分散邮寄,尽可能地避免刊物被扣的风险。

1924年3月19日,《建声》第三期正式发行,共8页,10篇文章,1篇特别启事。为了减少警察局的滋扰,杨峻德和葛越溪将通讯地址由原来的东直门内手帕胡同18号改为了较为模糊的北京大学和中国大学。这一期还有一处变化,即《建声》在约稿的基础上,还接受了投稿。由于版面所限,投稿者众多,他们不得不发出声明,对过长的文章将进行删减。这些新变化反映出刊物已经具有一定的影响力。

在这一期中,杨峻德就"教员应负的责任"谈了自己的看法。他指出,一些教员只负责向学生灌输知识而不管其他方面的事,这是很大的错误。他认为给学生灌输学识固然重要,但"发展学生的个性,更是

---

① 杨峻德:《我国贫弱的根本原因》,《建声》第1期,1924年2月19日。
② 葛越溪:《关于杨峻德的回忆材料》,1985年3月19日。

十二分的要紧"。每个人都有自己的个性,作为教员,应当"随学生的性质指导去",而不是"用威吓的手段,把他们的个性压没了"。所以要注意观察学生平时的言论和行为,因为这便是学生个性的表现。时下教育注重"抽茧式"而不是"填鸭式",便是注重对于学生个性的重视。这便是教员对于学生应负的责任。

杨峻德认为,"学生时代,即是青年血气未定的时代,亦即是最有造就的时代"。因此教员在教授时,只需将书籍的意思、学科的宗旨讲出来即可,"不必用先入的主见,妄加武断地批评",才能使学生"自由思审和自由选择,方不至养成了盲从的习惯"。这是教员对于教授方法应负的责任。

杨峻德发表的《教员应负的责任》

杨峻德批评一些教员因物质原因,频繁更换工作单位,把学校当作"啖饭处",在里面滥竽充数。他希望教员们对于自己的职务,"应认作一种天职,且要当作终生的事业。对于那个服务的机关,就应当作为服务场,不当认作'啖饭处'"。这是教员对于学校应负的责任。

鉴于当时有文化的国人仅有千分之五六,杨峻德认为,具有文化知识水平的教员,应当利用与亲戚朋友聚会等一切场合宣讲知识,同时做好道德方面的表率。这是教员对于社会应负的责任。

杨峻德对于教育要注重培养学生个性、鼓励学生自由思考、把工作当作终生的事业、教师要当好道德表率等方面的论述,直到现在来看仍没有过时。由此可见,他在文首开诚布公地说,"我对于教育问题素来没有深刻的研究"①,只不过是谦虚而已。

1924年5月4日,新一期《建声》正式发行。此前的第四期,因为

---

① 杨峻德:《教员应负的责任》,《建声》第3期,1924年3月19日。

文章严厉批判了受北京政府支持的福建军阀周荫人，杂志社遭到北京警察局的查封，杂志被全部没收。警察局同时警告杨峻德、葛越溪等人，不得再继续办刊。此外，在经费方面，三个年轻人也遇到了不小的问题。自创办以来，为了廓清愚昧、启发民智，《建声》长期实行赠阅的发行方式，其中绝大部分被寄往上海、建瓯等地，因此便产生了高昂的邮寄费用。此外，随着影响力的扩大，印刷数量的提高，办刊费用也越来越高。这对于尚未工作的大学生而言，其负担是显而易见的。

面对经济方面的入不敷出情况，杨峻德和葛越溪、叶舒三个人就办刊面临的问题、今后的工作方向进行了深入的讨论。最后，三个人决定，鉴于办刊成本越来越高、资金压力越来越大，在新一期的《建声》发行后，将暂时停止办刊。考虑到此时已经收到了一批文章，他们便决定将其合并出版，这样对作者和读者都说得过去。

第五、六期《建声》是合刊印刷的，因此耗费的时间比以往几期要长得多。为了按时发行，三个人充分利用课余时间，赶时赶工，终于在5月3日将这一期的杂志全部印刷完毕。当最后一期的《建声》送往邮局时，大家的心中都充满了不舍。杨峻德安慰其他两人说，现在停办也是不得已的事情，等以后条件成熟了，还可以再把《建声》办起来。葛越溪建议继续保留建声社，以便于以后重新恢复办刊。他的提议得到了其他两人的一致赞同。

这一期的《建声》，刊发了杨峻德三篇关于时事政治的文章。在《孙传芳筹谋福建统一》一文中，杨峻德认为，孙传芳先驱逐王永泉，再攻击臧致平，只是为了个人争权夺利，但是在军阀混战期间，受苦的却是福建人民。杨峻德一针见血地指出，"他再筹谋福建统一，我闽民还有生存余地么？且福建何曾不统一？民心又何曾会分裂？纯粹系他个人梦想排除异类军阀，蔓延他自己党羽，独霸全闽权利，享受大寨主的生活，所以假'统一'的美名，施占据地盘的实在"。杨峻德大声疾呼，无论是孙传芳驱逐其他军阀达到统一，还是其他军阀铲除了孙传芳，福建的父老乡亲都不要抱这样的希望，"因为他们战争，我们就要受重大的损失和痛苦"，他认为，"我们唯一希望，就是所有的军阀，一切都要叫他们滚出闽境以后再消灭为虎作伥的臭官僚政客,那么方有和平、快乐的日子"。

杨峻德旗帜鲜明地指出,"苏俄即是探险杀敌的先进国,也就是我们唯①的模范了",现时已是军阀的末路,闽民切勿苟安,勿怕牺牲,团结起来实现"和平快乐",这样纵然牺牲了,"终比那苟延残喘,挣扎余生,勉强支度岁月于腐败之中,如蔓草一样,实有价值的多!"②

在《闽民为什么去依靠外力》一文中,杨峻德首先给读者刻画了一个极具讽刺的场景:几个兵痞如狼似虎、横眉竖眼地要去封船扣舟,忽然看见远远来了一条插着外国旗子的小船,于是立即装聋卖傻,收起刚才的蛮横,静静地看着那条小船离去。杨峻德痛心疾首地指出:"这种可杀而且可惧的贱骨头,固然不屑道;所最可痛心的,就是我闽民去依靠外力——尤其是花了金钱去购买一面外国旗子——来渡这个难关。"

杨峻德认为,福建人民要觉悟,国与家是一样的,国内有了万恶的军阀,好比家里有个败家子,自己治不了,去请外人来治他,这是何等的耻辱。同理,国内有了万恶的军阀,民众不团结起来铲除他,反而去依靠外国人的力量,来求得暂时的苟安,何尝不是一种耻辱?他最后呼吁大家要牢记并实行两条:"军阀不可不铲除""外力更不可不排斥"。

杨峻德发表的《闽民为什么去依靠外力》

《五月七日》是杨峻德撰写的一篇关于国耻纪念日的文章。他首先介绍了设立国耻纪念日的缘由和目的,就是使人人牢记被压迫的耻辱,"尤其是要人人起来报复这个耻辱,并抵抗现在帝国主义的侵略和

---

① 原文如此,应是漏了"一"字。
② 杨峻德:《孙传芳筹谋福建统一》,《建声》第6、7期,1924年5月4日。

压迫"。然而让人悲愤的是,从1915年"五七国耻"以来,过去的耻辱未能洗刷,现在的耻辱又无法抗拒,未来说不定还会有耻辱。幸运的是,"能率领民众为救国运动的学生界,多已明白自己的责任和地位,日渐觉悟,毅然站在战线与敌人——国际帝国主义者和引导国际帝国主义者来侵略的国内军阀——奋斗了"。

杨峻德号召亿万同胞们火速行动起来加入战斗,铲除民蠹,反抗军阀的压迫和帝国主义者的侵略。"不然只有人为刀俎,我为鱼肉,任人宰割罢了。"他大声疾呼:"国民乎!人生宁为玉碎,不为瓦全!愿为自由死,不为奴隶生!甘为亡国前之雄鬼,不为亡国后之遗民!……国民乎!赶紧起来奋斗!赶紧起来牺牲!铲除万恶民贼,打倒帝国主义者。"

《建声》半月刊从创刊到停办,前后不到半年时间,共出版六期。作为创办者,杨峻德每一期都会撰写文章。从这些文章来看,他主要关注国家和福建的政治、军事形势,他认为当前中国贫弱的最根本原因就在于国内军阀割据,互相争夺权力和地盘,老百姓被动卷入其中,却不得不咽下由此产生的恶果。而在帝国主义者的干预下,这种情形只会更加严重。

杨峻德认为俄国革命是我国的"模范","能率领民众为救国运动"的是学生界,而且他们"多已明白自己的责任和地位,日渐觉悟"[①]。因此,他呼吁包括青年学生在内的广大同胞们团结起来,铲除军阀,抵御外侮,从而求得真正的和平与自由。在那个风雨如磐的年代,《建声》半月刊传递出来的呐喊声,仿佛一缕阳光,穿透了重重乌云,让成千上万的同胞们看到了光明与希望。

《建声》半月刊停办后,杨峻德有了更多的时间参与社会活动,这让他收获了与撰写文章出版刊物不一样的体验。他告诉葛越溪,以往办杂志,是用嘴皮子鼓动同胞们团结起来战斗,而今终于可以冲到斗争的第一线了。

---

① 杨峻德:《五月七日》,《建声》第6、7期,1924年5月4日。

1924年10月24日，正在直奉战争前线的冯玉祥返回北京，与孙岳、胡景翼等人共同兵谏，一举推翻了贿选总统曹锟政权，迫使北京政府下令停战，结束了直奉军阀之间的混战。25日，冯玉祥发出通电，邀请孙中山北上共商国是。为了宣传革命，谋求和平统一，11月13日，孙中山偕宋庆龄等人乘永丰舰离开广东北上。

12月初，得知孙中山将于月底到达北京的消息后，杨峻德和葛越溪以建声社的名义，在报纸上发出消息，召集一些福建籍学子前往火车站迎接。31日，孙中山抱病抵达北京。下午4时许，列车到达前门火车站，受到北京各界3万多人的欢迎。

杨峻德、葛越溪和一群福建籍学生，跟着欢迎队伍站在车站通往城门的道路边。他们举着欢迎标语，一起高声喊着口号，表达着对孙中山的敬爱之情。当天的人特别多，但是大家不约而同地保持着秩序。由于病情的原因，孙中山并没有作演讲，而是以书面形式散发了《入京宣言》："十三年前，余负推倒满清政府，使国民得享自由平等之责任。惟满清虽倒，而国民之自由平等，早被其售与各国，故吾人今日仍处帝国主义各国殖民地之地位。因而救国之责，尤不容缓。"

孙中山的宣言，给各界群众以巨大的鼓舞和希望。然而令国人意外和悲伤的是，此次北上期间，他先是被查出肝病，确诊为肝癌，后病情日益恶化，最终于1925年3月12日与世长辞。

噩耗传到中国大学后，整个校园顿时陷入了无限的悲痛之中。学校决定，3月13日全校停课一天，并降半旗，设灵堂接受全体教职员工和学生前往哀悼。18日，孙中山灵柩由协和医院移停中央公园社稷坛大殿①。当天，中国大学停课一天，并于上午9时组织全体学生前往中央公园吊唁。27日，全体学生齐集中央公园进行公祭活动。4月2日，孙中山灵柩暂厝西山碧云寺，全体教职员工和学生前往送殡。

杨峻德参加了学校组织的悼念孙中山的活动。他回想起了在前门火车站迎接孙中山的情景，联想起先生为中国革命积极奔走几十年

---

① 即今北京中山公园中山堂。

的历程。他认为,辛亥革命虽然推翻了清政府,但是并没有进行最深刻的社会革命,以袁世凯为代表的北洋军阀旧势力篡夺了革命成果,进而以共和之名行封建统治之实,因此才造成了今日国家之贫弱。

杨峻德认为,孙中山晚年意识到了这个问题,因此才会选择和中国共产党合作,毅然改组国民党,实行联俄、联共、扶助农工的三大政策。病危期间,孙中山在遗嘱中叮嘱国民党人"要特别注重两点:第一点是唤起民众;第二点是联合世界上以平等待我之民族共同奋斗"[1]。他以自己几十年的革命经历,结合中国的现状,为国民党人提出了济世救民的良方。

杨峻德认为,孙中山要求国民党人唤起民众的临终嘱托,和自己在《建声》上呼吁同胞们团结起来与旧军阀、与帝国主义者作斗争的观点是一致的。让人欣喜的是,在北京等大城市,学生们已然觉醒,并积极参与到斗争中去。然而在广大的农村,占中国人口绝大部分的民众,并没有参与其中。因此,他决定毕业后回到建瓯,在自己最熟悉的地方,把广大的民众发动起来与旧军阀、旧官僚和帝国主义者作斗争。建瓯一地的民众发动起来了,中国实现自由与和平就多了一分希望。

1925年6月,在参加了毕业考试后,杨峻德从中国大学专门部法科本科顺利毕业了。18日,学校在郑王府新校区大礼堂举行了毕业典礼。

中国大学专门部法科九班毕业生名单

---

[1] 盛永华主编:《宋庆龄年谱(1893—1981)》上册,第264—265页,广东人民出版社,2006。

第四章
八闽潮涌

迎接北伐

在北京的时候,杨峻德和葛越溪交流了毕业后想回家乡的打算。葛越溪在对杨峻德的想法表示支持的同时,还不忘调侃自己的好朋友别陷入温柔乡中不能自拔,一句话说得杨峻德满脸通红。

葛越溪的一席话,使杨峻德想起了妻子范钦章。由于路途实在遥远,来北京上学的四年间,杨峻德极少回家,家书倒是会写一些,但也不过是问候一下家里的情况,很少吐露对妻子的相思之情。

1925年7月,杨峻德和葛越溪一起回到了建瓯吉阳的家中。几年不见,母亲的身体依然十分健康,只是因为常年的劳作稍微有点驼背。哥哥嫂子已经有了孩子,一家人其乐融融。几年不曾相见,妻子范钦章

也愈发温婉美丽了。在她的操持下,家里的一切都井井有条。对于儿媳,母亲也是赞不绝口。看到家里一切安好,杨峻德很是欣慰。

在家里待了数日,杨峻德充分感受到了家的温暖。妻子对他嘘寒问暖,一日三餐体贴入微。每日醒来都能看到儿子,母亲的心情总是特别好。哥哥嫂子对他也是特别照顾。看着侄子们在院子里嬉戏打闹,杨峻德会主动上前去和他们玩耍。对于这个突然出现的叔叔,孩子们也没有陌生感,反而和他玩得更起劲了。在享受与家人团聚时光的同时,杨峻德心中一刻也不曾忘记回到建瓯的初衷。

和家人告别后,杨峻德约了葛越溪一起来到建瓯,拜访了省立五中的老校长谢廷昌。谢校长1917年离任后,与黄润、黄芝、杨向荣等人组织成立了"绿天逸居",探研书法艺术,培养了一批书法爱好者。由于谢廷昌是废科举后第一个毕业于京师大学堂师范馆的建瓯人,又担任省立五中校长多年,在建瓯有不少的门生故旧。当时,适逢建瓯县公署改县政府不久,急需聘用一批人员。当得知两位年轻人大学毕业立志报效桑梓后,谢廷昌欣然提笔,分别为他们写了一份"八行信"。在谢廷昌的引荐下,葛越溪进入了建瓯县政府担任雇员。杨峻德学的是法律专业,因此便担任了帮审员。

刚工作没多久,杨峻德便见识了北洋军阀统治下福建司法的阴暗一面。根据1914年3月司法部命令,福建各县裁撤了审检所,司法事务改由县知事(1924年后称县长)承担,并受省高等审判厅监督。各县同时设一名承审员为县知事负责司法事务的助理,该员由福建高等审判厅委派,并受县知事监督。由于当时绝大多数的县知事缺乏法律知识,而承审员的薪水却仰仗于县知事,因此承审案件时往往唯县知事马首是瞻。由于建瓯是建安、瓯宁两邑合并而来,诉讼事务繁多,其中的黑暗更是不可枚举。

对于司法审判中的种种不公,杨峻德十分气愤,他将自己遇到的一些情况告诉葛越溪,对方也有同样的感受。葛越溪告诉杨峻德,回到建瓯以后,官员的腐败让他深感震惊,但是却无能为力,甚至还不如当初出版《建声》杂志,至少可以在报纸上写文章抨击一下。因此他想去上海,一方面谋个差事,另一方面寻找救国救民的方法,希望杨峻德能够和他一起前往。

杨峻德经过了一番慎重的思考。他认为,中国现在政治黑暗,贪官横行,上海和建瓯并没有多大区别。待在建瓯,他准备来年参加承审员考试,这样便可以运用法律知识尽量为乡邻们做些事情。此外,他还想在工作之余继续写一些文章,以启发建瓯人民的觉醒,而这也是他当初回到建瓯的初衷。在得知了杨峻德的想法之后,葛越溪表示了理解和支持。随后,葛越溪辞去建瓯县政府的差事,只身前往上海。

在经历了是否去上海的抉择之后,杨峻德反而更加明确了自己当下工作的意义。于是他秉持一颗公正之心,在自己的职责范围内,尽最大的可能,帮助那些受到司法不公正待遇的人们。此外,他还应邀到母校省立五中、建瓯图书馆作讲演,对马克思主义和一些新思潮进行讲解。当建瓯的青年们得知昔日的学长、《建声》半月刊的创办者来给他们讲演时,全场响起了热烈的掌声。讲演结束后,很多人还提出了关于马克思主义、中国现状与未来、苏俄革命等问题,杨峻德都一一耐心作了解答。看到青年们对于新思潮特别是马克思主义十分感兴趣,杨峻德越发觉得自己的决定是正确的。

1926年5月21日,国民党二届二中全会召开,通过了北伐战争的决议案,拉开了北伐的序幕。8月,北伐军在湖北咸宁的汀泗桥、贺胜桥战役中大败直系军阀吴佩孚主力之时,战争形势发生了急剧变化。占据闽、浙、赣、苏、皖五省的直系军阀孙传芳,改变了北伐之初坐山观虎斗的方针,调兵遣将,以10万大军入赣,企图利用江西"吴头楚尾、粤户闽庭"的战略地位,一箭双雕,既击退北伐军,又赶走吴佩孚,从而坐收渔翁之利。孙传芳的这一举动,严重影响了湘鄂两省的战局,威胁广东大本营的安全。因此,北伐军决定第二期作战以江西为主战场,集中兵力消灭孙传芳。

9月下旬,孙传芳为策应江西战场,命令福建军阀周荫人部进攻粤东地区,妄图袭击北伐军的后方。10月,福建战场开辟,国民革命军二

军六师戴岳①部根据北伐军总司令部命令,与十四军赖世璜部由赣入闽截击周荫人部,并受十四军临时管辖,协助何应钦攻取福建。

12月初,二军六师沿临川、资溪、光泽、邵武挺进,直趋建瓯。副师长朱耀华率领十六团为先头部队到建瓯时,守敌见北伐军兵少企图抵抗,六师党代表、共产党员萧劲光②和师长戴岳商量后,率领特务连赶到城内,虚张声势,限敌4小时内缴械投降,可以保证生命和财产安全。建瓯警备司令何麓昆是湖南宁乡人,其部下也多为湘籍。何麓昆一方面受革命的感召,另一方面也慑于北伐军的巨大威力,便派代表钟某前去与北伐军洽降,戴岳和萧劲光诚意接待,允许其被收编。何麓昆部被收编后,闽北之敌除周荫人所率之部逃脱外,其余全被六师解决。随后,根据十四军命令,六师暂时驻扎建瓯待命。

萧劲光

得知北伐军即将进驻建瓯城后,杨峻德便根据自己以往开展宣传工作的经验,来回奔走,先后联系了纺织工人张绍祥、省立五中教师翁树年及学生杨又仕、翁耀先等人,并通过他们组织了各界群众,为迎接

---

① 戴岳(1888—1971),字希鹏,号翔庭,湖南新邵人。1916年起在湘军任职,1924年任湘军第二师师长。北伐战争开始后,1926年任国民革命军二军六师师长兼韶关卫戍司令,1928年兼任长沙警备司令。1930年参加国民党对江苏中央苏区的第一次"围剿",在龙岗战役中所部被歼,只身逃回南昌,任南昌卫戍司令部代理司令。1933年任国民党陆军第四十六师师长。1934年任国民党陆军第二十七军副军长。1940年任湖南行政区专员、省政府委员等职。1944年任湖南省洪江行署主任。抗战胜利后回家乡办学,参与湖南和平解放。1950年起任湖南军政委员会顾问、湖南省政协委员等职。

② 萧劲光(1903—1989),杰出的无产阶级革命家、军事家,中国人民解放军高级将领。原名萧玉成,湖南长沙人。1922年由共青团员转为中共党员,1927年入列宁格勒军政学院学习,1931年起任中国工农红军学校校长、红七军团团长兼政委,参加中央苏区历次反"围剿"斗争。1934年参加长征。抗日战争时期任军委总参谋部参谋长、八路军后方总留守处主任。1945年受命赴东北,历任东北野战军第一兵团司令员、第四野战军副司令员兼十二兵团司令员、政委。中华人民共和国成立后,历任湖南省军区司令员、海军司令员、国防部副部长、全国人大常委会副委员长等职。1955年被授予大将军衔。

北伐军接管建瓯城做好准备。六师进驻建瓯城的当天,行进中的士兵们高唱着"打倒列强,打倒列强,除军阀,除军阀……",受到了沿途百姓的夹道欢迎。

北伐军随即逮捕了北洋政府任命的伪县长谭国政,解散了欺压百姓的保安、警察武装,帮助地方建立了县行政委员会,推选原省议会议员邓畅心、原商会会长刘缉熙、士绅叶籁为行政委员。

师部驻扎在被接管了的天主教堂后,党代表萧劲光派出宣传队上街贴上"打倒列强,除军阀"等革命标语,组织宣传队宣传不拉伕、不筹饷、不强住民房等北伐政策,受到了广大百姓的热烈拥护。看到北伐军如此遵规守纪,与以往的军阀部队截然不同,杨峻德感到无比高兴。

建瓯县天主教堂(二军六师驻地)

1926年11月底,杨峻德给省立五中的部分师生作了讲演后,偶然得知葛越溪、潘作民①回来了。他立即来到二人的暂住地——建瓯城关大甲巷吉阳货栈。三位好朋友见面,都特别高兴,除了许久未见的喜悦,他们彼此都还有好消息要告诉对方。杨峻德首先向葛越溪、潘作民

---

① 潘作民(1905—1976),建瓯徐墩人。曾就读于福建省立五中,1924年进入上海大学社会学系学习。1925年加入中国共产党。1926年1月当选为国民党上海特别市党部候补监察委员,12月与葛越溪一起到国民党福建省党部筹备处工作,并根据安排回建瓯筹建县党部,并在此时与葛越溪、杨峻德一起创建中共建瓯支部,任组织委员。四一二反革命政变后被国民党福建省党部开除党籍并通缉。1928年8月与葛越溪等在建瓯组织武装暴动失败后脱党。

介绍了北伐军到来之后建瓯发生的新变化。二人听了之后,异口同声地说太好了。

原来,自去年离开建瓯赴上海后,葛越溪先找到了翁树年和潘作民。此时,翁树年因为毕业后要回建瓯工作,所以没多久就离开了,而潘作民还在上海大学社会学系读书,并已加入了中国国民党。后来,潘作民还介绍葛越溪认识了正在国民党上海南市第二区党部工作的沈资田①。沈资田介绍二人秘密加入了中国共产党。

1926年1月1日,国民党上海特别市党部在上海大学召开成立大会,选举恽代英、沈雁冰等九人为市党部执行委员,徐梅坤等五人为候补执行委员;选举梅电龙②等三人为监察委员,潘作民等三人为候补监察委员。③ 因为人数占据大多数,此时的上海特别市党部实际由共产党和国民党左派共同领导。在这期间,葛越溪也因为工作原因认识了梅电龙。

当年10至11月间,随着北伐军的高歌猛进,直系军阀孙传芳命令福建的周荫人部进攻粤东地区,妄图袭击北伐军的后方,结果遭受重创。11月底,在北伐军和东路讨贼军的夹攻之下,留守在福建的周荫人余部纷纷溃散。对于日益明朗的福建局势,已经担任国民党上海特别市党部

---

① 沈资田(1892—1928),又名沈似莲,上海人。15岁时当学徒,1920年在江苏省立第二师范学校附设职业补习学校学习。1921年秋加入中国共产主义青年团,后转为中国共产党党员。第一次国共合作后,沈资田根据中共安排加入中国国民党,在国民党上海南市第二区党部负责宣传工作,成为恽代英负责的国民党上海执行党部宣传委员会委员,并在中共领导下在南市的学校师生和工人中开展工作。1925年下半年,任中共上海沪南支部书记。上海南市部委成立后,任组织委员。四一二反革命政变后,沈资田被通缉,转移杭州后,任中共浙江省委常委,1928年底在杭州被捕后被秘密枪杀。

② 梅电龙(1901—1975),又名龚彬,湖北黄梅人。1923年加入中国国民党,1924年加入中国共产主义青年团,翌年转为中国共产党党员。大革命时期,根据中共安排加入中国国民党,1926年9月任上海特别市党部秘书长。1927年底任浙江省委委员兼宣传部长。1929年秋,由周恩来推荐作为特派员赴日本执行重要任务时被捕,面对酷刑保守了党的秘密,1930年12月出狱。1931年7月,陈云代表中共中央命其表面上脱离中共,转为秘密党员,以非党人士身份进行社会活动。1932年正式改名为梅龚彬,先后任职于十九路军、国民党军事委员会工作第六部、国民政府教育部、中山大学、中国国民党革命委员会(民革)等,其间积极开展统战工作,为抗日战争、解放战争作出了重大贡献。中华人民共和国成立后,历任中央财经委员会委员,第二、三届全国人大常委,中国国民党革命委员会第二至四届中央常务委员兼中央秘书长。

③ 参见《20世纪20年代的上海大学》上册,第379—380页,上海大学出版社,2014。

秘书长的梅电龙找到葛越溪、潘作民,派他们回到福建省党部开展革命工作。在回建瓯之前,他们二人还曾见到了中共福州地委书记方尔灏。

葛越溪、潘作民回到福州后,马式材、李培桐得知二人是从上海回来的,便与二人联系。在他们的帮助下,葛潘二人进入国民党福建省党部组织部工作。在北伐军二军六师戴岳部进驻建瓯后,为了推动建瓯的革命工作,马式材便以省党部筹备处的名义,派葛越溪、潘作民回建瓯接收原国民党党部。在葛越溪的推荐下,接收工作人员中又加上了还在建瓯的杨峻德。

当得知自己被推荐为国民党建瓯县党部筹备员后,杨峻德十分高兴。他告诉葛越溪,北伐军进驻建瓯后,为接收工作创造了难得的机遇,因此提议先去六师师部拜会,以争取他们的支持。关于新党部的工作地点,杨峻德提议可以放在天主教堂,一来可以打击天主教神父的嚣张气焰,二来六师师部正驻扎于此,可以充分体现国民革命军和国民党团结友爱的关系,杨峻德的提议得到了大家的一致认可。三个人还就具体的接收工作进行了讨论。

第二天一大早,在杨峻德的带领下,葛越溪、潘作民一起来到了位于天主教堂的六师师部,师党代表萧劲光热情地接待了他们。葛越溪向萧劲光介绍了接收县党部的任务,并表示希望得到六师的大力支持。萧劲光表示,帮助筹建、改组党部,是党代表、政治部的一项重要任务,对于葛越溪他们要接收县党部的任务,六师一定会大力支持。

在得到六师的明确支持后,葛越溪、杨峻德、潘作民三人便来到了国民党建瓯县党部。葛越溪首先传达了国民党福建省党部筹备处的决定,希望县党部积极配合。县党部的人听了省党部的决定后,提议投票决定是否把县党部转交给葛越溪等三人。潘作民当场拒绝了这一提议,因为如果按照投票来决定,他们三个人显然不占优势。葛越溪则明确表示,本次接收县党部不仅是执行省党部的命令,同时也得到了六师政治部的大力支持,大家都是革命同志,没有必要伤了和气。听了葛越溪的一番话后,县党部的人只好同意进行交接工作。

接收了县党部后,按照之前的设想,杨峻德在天主教堂加挂了一块

"国民党独立支部"的牌子。萧劲光看到后,认为"独立支部"的提法不符合国民党的惯例,于是根据他的建议,改为了"国民党建瓯县党部筹备处"。筹备处根据每个人的工作能力和特长,结合以往的经历,决定由葛越溪担任筹备处主任委员,杨峻德、潘作民担任筹备员,其中葛越溪兼管组织和商运,杨峻德兼管宣传和青年运动,潘作民兼管工农和妇女运动。

对于建瓯县党部的接管工作,省党部于1927年1月予以肯定,并正式任命葛越溪、潘作民、杨峻德为建瓯县党部筹备员,葛越溪为主任,县党部筹备处正式成立。筹备处成立后,以县党部的合法名义组织了县总工会、农民协会、妇女联合会、学生联合会、商民联合会等组织。由于杨峻德此前在建瓯开展了许多宣传革命的工作,对人员比较熟悉,因此在他的建议下,筹备处决定由张绍祥负责总工会,黄育三负责农会工作,朱民生负责青年运动,杨又仕负责学生工作,朱丽生负责妇女协会,陈辱刚负责商人联合会,方文治负责教育联合会。

在葛越溪、潘作民、杨峻德的领导下,建瓯县党部充分利用公开合法的名义积极开展革命工作。为了扩大北伐胜利的影响力,充分展现国民革命军和建瓯县党部精诚团结的良好形象,葛越溪、杨峻德、潘作民还和六师政治部联络,组织开展对民愤极大的伪县长谭国政等人的公审活动。

在建瓯县党部的公开领导和六师政治部的支持下,由县总工会、农民协会、妇女会、学联会、商联会等团体各派代表一名,连同地方上熟悉法律的两人,组成了七人审判委员会,在法院公开审理了谭国政。杨峻德作为中国大学法律系毕业的专业人士,被大家一致推举为审判委员会成员。由于谭国政是北洋政府委派的伪县长,其人贪赃枉法、欺压百姓,引起了极大民愤。因此这次公审活动在建瓯各界人士中引起了强烈的反响。通过公审,建瓯的工农组织第一次在政治舞台上崭露头角,得到了工农群众的拥护和信赖。

当时的建瓯,工人每天的工作时间都在10小时以上,特别是一些手艺较好的工人,工资低,工作时间也没有得到限制。在建瓯县党部的公开领导下,县总工会组织工人进行了斗争,争取到了8小时工作制,并适当增加了工人工资。比如理发工人,经过斗争后,工人的工资是按照理发人数来与老板分利。而对于一些特殊行业,如金融业,如果确需超过 8 小时工作时间,则必须增加夜点费来改善工人生活。

在葛越溪、杨峻德和潘作民的领导下,建瓯县党部还大力支持农民协会积极开展斗争,维护广大农民的利益。当时,警察以卖菜影响交通和卫生为名,经常欺负菜贩(大多数人是县城周边菜农)。某天,一位菜农被警察殴打,几十斤青菜被倒在了大街上。菜农向农民协会告状,农民协会便立即与警察局进行交涉。时任警察局局长许亚光了解事情的原委后,便命人将打人的警察抓起来,当着被打农民的面,打了他十几军棍。此事在建瓯县城及周边村庄引起了巨大轰动,城关附近的豪栋、东门、城南等村的农民协会纷纷建立起来,有会员四五百人,壮大了农民协会的力量。

1927 年 1 月,驻扎建瓯一月有余的北伐军二军六师接到命令,即将开赴浙江。在得知六师即将离开的消息后,葛越溪、杨峻德和潘作民决定组织一个欢送仪式。

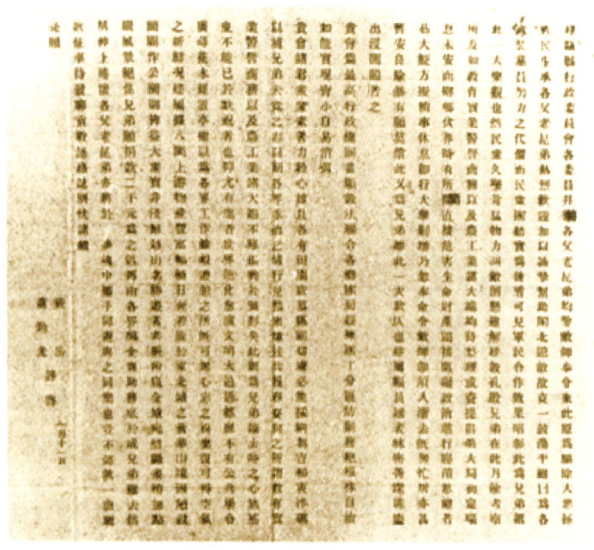

二军六师离建瓯前,发表告父老兄弟书

1 月 11 日,建瓯城关都御坪,六师的全体官兵整装待发,前来送别的建瓯各界民众多达数千人。在送别仪式上,党代表萧劲光作了讲演,由于语言不通,便由葛越溪转述给大家听。其后,葛越溪还代表国民党建瓯县党部作了发言,以表达对六师平定建瓯功绩的感谢。萧劲光还代表二军六师师部捐款 2000 元,资助建瓯建设公园,以纪念北伐军平定建瓯,扩大北伐的影响力。

建瓯支部

在葛越溪、潘作民和杨峻德领导下,国民党建瓯县党部充分利用北伐军驻扎建瓯的有利时机,不断充实县党部及下属各协会的力量,积极开展了各种斗争,凝聚了工农群众的力量。在这期间,经葛越溪、潘作民介绍,杨峻德正式加入了中国共产党。

其实就在葛越溪、潘作民二人刚回到建瓯的那天晚上,听葛越溪介绍了自己的经历之后,杨峻德就表达了想加入共产党的愿望,只是因为当时最紧要的工作是接管建瓯县党部,因此加入党组织这件事就被推迟了几天。在接管工作顺利完成后,杨峻德再一次郑重提出了加入党组织的愿望。

对于一起读书、一起创办《建声》的杨峻德,葛越溪十分了解。看到杨峻德加入党组织的愿望如此强烈,葛越溪和潘作民商量了一番后,认为无论是其个人基本素质,还是现下的工作需要,吸收杨峻德入党都是合适的,因此便同意了他的请求。

1926 年 12 月,在吉阳货栈葛越溪、潘作民居住的房间内,秘密举行了一场简朴而庄严的入党仪式。房间墙上,贴着一张长方形的红纸,上面写着"CPC①"三个字母。葛越溪、潘作民、杨峻德围坐一起。首先由葛越溪低声宣布今天仪式的主要内容是接收杨峻德为中国共产党预备党员。宣布完以后,三个人起立一字排开,面向党旗致敬一分钟。然后由葛越溪介绍了吸收杨峻德入党的理由,接着杨峻德报告了自己的简要经历和

---

① CPC 即 Communist Party of China,译作中国共产党。

中共建瓯支部旧址

入党意愿。按照当时中共上海区委的规定,吸收新党员还必须由支部代表致训词,然而此时此地只有两名党员,因此便由潘作民致训词。①最后是宣誓环节,由葛越溪领誓,杨峻德举起右手庄严宣誓:"严守秘密,牺牲个人,阶级斗争,实行革命,服从纪律,誓不叛党。"②宣誓完毕后,葛越溪、潘作民和杨峻德紧紧握手,宣布他们从此成为革命同志。

葛越溪将回到建瓯后开展的革命活动及组织发展情况,写信向上海南市部委作了汇报。随后,他们三人一起南下福州,与中共福州地委联系,接转了组织关系。福州地委派他们回闽北地区开展革命活动,在建瓯建立党的基层组织。三人回建瓯后,经过深入讨论,决定正式成立建瓯"CP"(即共产党)组织,由葛越溪担任书记,潘作民负责组织,杨峻德负责宣传。③

由于中共建瓯支部处于秘密状态,因此葛越溪、潘作民和杨峻德平时都是以国民党建瓯县党部的名义开展革命活动。在此过程中,他们通过认真考察,从工农群众中吸收了一批先进分子加入中国共产党,如翁树年、黄育三、方文治、张绍祥、叶逸民等。通过吸收这些先进革命分子,建瓯"CP"组织的战斗力得到了极大的提升。

---

① 参见葛越溪《关于杨峻德的回忆材料》,1985 年 3 月 19 日。
② 中央档案馆、上海市档案馆:《上海革命历史文件汇集(中共上海区委文件)1925 年—1926 年》,第 4 页,1986。
③ 关于建瓯支部的成立时间,目前大多数资料都认为是 1926 年 7 月,笔者以为很可能有误,本书采用了"1926 年 12 月"一说。原因有三:一是当事人葛越溪 1985 年回忆:"1926 年 12 月,葛、潘回建瓯(那时二军六师已到建瓯),杨峻德得知我们来了,就找到我们(在建瓯县城)。"如果说葛越溪对时间记忆有误,但是他们二人和二军六师哪个先到建瓯,出错的可能性微乎其微,而二军六师到建瓯城的时间是 1926 年 12 月初,进入建瓯地界的时间则在 11 月底。二是当事人潘作民 1961 年回忆:"1926 年冬,杨峻德由葛越溪潘作民介绍入党。"冬季不一定是 12 月,但肯定不是 7 月。三是当事人朱炳 1951 年回忆:"我是于一九二六年十一月由省派建瓯县党部筹备主任葛越溪、筹备员杨峻德、潘作民来瓯筹备时,葛杨两位以同在北京留学之谊,介绍我加入国民党。"虽然三位当事人的后半生道路各有不同,但彼此的回忆可作印证。

北伐开始后，随着革命形势的发展，国共两党的党组织和党员队伍都得到了大规模发展，因此遭到了国民党右派的嫉恨，其仇共、排共活动始终不曾间断。在福州，国民党右派除有针对性地成立"福州总工会""黄埔同学会福州分会""孙文主义学会""新闻同志会"等组织与中共领导的工农运动相抗衡外，还蓄意制造各种矛盾，无故殴打中共党团员和工农群众，气焰十分嚣张。

1927年3月3日至7日，福州国民党右派驱使暴徒用小刀、手枪、木棍等打伤中共党员、共青团员和福州学联代表张诗政、郑贻晋、金毓芬等人，并冲进学联办公处捣毁桌椅，抢走文件，散发反动传单，污蔑、攻击学联。3月8日，以林寿昌为代表的国民党右派纠集"福州总工会""人力车工会"等右派团体，收买一批流氓暴徒举行游行示威，包围省临时政治会议，公开提出取消民众运动委员会，驱逐马式材、李培桐、徐琛、潘谷公出境等蛮横要求。

为有力回击国民党右派的蓄意挑衅，在中共福州地委领导下，3月9日清晨，福州大街小巷贴满了"打倒反动派""拥护省党部""巩固北伐后方"等标语。下午2时许，由福州店员总工会发起，40余个左派团体，万余群众齐集南校场，召开"拥护党权巩固北伐后方"群众大会。大会推举王荷波、林淑钰、林长成等9人为代表，率队前往省党部、东路军总指挥部、福州卫戍司令部等机关请愿，一路上，不时有围观的群众加入，游行示威群众逐步增加到4万余人。

3月10日，福州各界拥护党权大会代表林淑钰、林长成等出席福建省临时政治会议，质问停止徐琛、马式材等人职务的根据和理由。在国民党左派的支持下，临时政治会议对8日决议作出修改，实际上推翻了8日的决议。15日，东路军总政治部致电福建省临时政治会议，要求"此次反动分子搏击省党部请拘案严办以维党纪"。国民革命军总政治部主任邓演达致电福建省临时政治会议，"林寿昌、张超人强迫工人罢工、殴伤特务员江削伍，并恐吓其他党员，转中央请示外，请制止解决"[①]。这在一

[①] 中共福州市委党史研究室编：《福州革命史大事记(1919.5—1949.8)》，第23页，中国海风出版社，1994。

定程度上打击了国民党右派的嚣张气焰。

葛越溪、杨峻德和潘作民从报纸上获悉中共福州地委反击国民党右派,成立福州各界拥护党权大会的消息后,立即召开建瓯支部秘密会议,决定于3月18日举行"建瓯各界纪念三一八烈士牺牲周年大会",借此声援福州国民党左派,声讨建瓯国民党右派及贪官污吏。会后,杨峻德拟定了宣传口号,并代表建瓯县党部起草了声援福州国民党左派的电报。这些工作完成后,他又组织人员在最短时间内制作了大量的标语,有力保障了活动的正常进行。

18日当天,在中共建瓯支部的秘密领导下,国民党建瓯县党部筹备处组织县总工会、农民协会、妇女会、学联会、商联会等团体,召集数千名会员和工农群众聚集于都御坪,杨峻德、潘作民带领大家手持标语,呼喊着"打倒反动派""拥护省党部"等革命口号。葛越溪代表国民党建瓯县党部在会上宣读了致省党部电报,给参与集会的广大工农群众以巨大的鼓舞。集会结束后,电报以建瓯县党部名义发往福建省临时党部和福建主要报纸,有力地声援了国民党左派和广大工农群众。

4月3日,国民党反动派在福州发动了"四三"反革命政变。当天,右派控制的各政府机关、社会团体及国民革命军新编军第一、第二师,独立第四、第五师以及宪兵营齐集南校场,召开"拥蒋护党运动大会"。会上通过了独立第四师政治部主任、黄埔同学会福建支会主席宋思一提出的16条反动提案,并组织了"福建各界拥蒋护党运动大会执行委员会"。新编军第二师第四团党代表、共产党员方毅威登台斥责国民党右派的反动行径,被当场捆绑游街示众,后被押至南台大桥桥头枪杀,抛尸闽江。

福州"四三"反革命政变刚爆发时,建瓯县党部并不知情。没过几天,葛越溪、杨峻德等发现省党部中原来与建瓯县党部联系的马式材、李培桐突然失联了。在经过分析判断后,建瓯县党部决定由葛越溪亲自前往福州了解情况。

葛越溪到达福州后,才得知国民党右派在福州发动了反革命政变,福州地委陈兴钟、方尔灏等革命同志被捕,马式材、李培桐等被赶出省党部后不得已离开福建。此时,恰逢葛越溪的大哥来福州做生意,葛

越溪便写了一封信,让其设法交给在建瓯的潘作民、杨峻德,叫他们以国民党建瓯县党部的名义打电报给国民党上海特别市党部申诉撤换马式材、李培桐二人一事。同时,葛越溪向其大哥借了钱,只身前往上海反映福州发生的变故。

葛越溪的大哥将信塞进袜子带给了潘作民和杨峻德。二人以国民党建瓯县党部的名义向国民党上海特别市党部发了电报,控诉了受国民党右派把控的福建省临时党部以莫须有的罪名驱逐马式材、李培桐二人的恶劣行径。这封电报发出后犹如泥牛入海,杳无音信。

福州"四三"反革命政变爆发后,原在福州的共产党员陈碧笙、潘杰民以及国民党左派潘谷公等回到建瓯。杨峻德和潘作民从他们那里进一步了解了此次事件的全过程,二人对于国民党右派叛变革命、残杀同志的行为十分气愤。杨峻德回忆起当初在中国大学参加开学式时,校务主任陈容在演讲中提到"社会国家诸问题,均当以学理解决",给他留下了深刻印象。他悲痛地对潘作民说,当初陈先生希望中大诸君以学理解决国家诸问题,可是你看看现今的情形。共产党把国民党当革命同志,希望彼此合作,共同打倒列强除军阀,然而革命尚未成功,蒋介石等反动分子竟然把屠刀挥向了革命同志。中大诸君常以国民党党办学校自居,不知陈先生知道蒋介石和国民党的罪行后作何感想。

4月18日,蒋介石在南京宣布成立国民政府。得知此消息后,在建瓯的国民党右派和驻军代表联合了一批地方豪绅,准备召开庆祝大会并通知各团体派人参加。杨峻德和潘作民知道这个消息后,"立即通知工、农、学、妇等组织,叫他们不去参加庆祝会,结果这个庆祝蒋介石南京政府成立的大会,开得冷冷清清,只是一些国民党驻军代表、商人代表和少数政府职员几十人参加,驻军军官何麓昆因此怀恨在心"①。

5月1日,在杨峻德、潘作民的周密策划下,建瓯县各界以庆祝国际劳动节的名义,举行了声势浩大的反蒋示威游行,县总工会的队伍

---

① 建瓯县总工会:《"一战"前后建瓯工会组织及工人运动的概况》,《建瓯文史资料》第7辑,第36页,内部发行,1985。

还举着有镰刀斧头图案的红旗向国民党反动派示威,工、农、学、妇等团体及群众共有一两千人参加。两个活动形成了鲜明对比,以何麓昆为代表的建瓯反动势力大为恼火,他们将拍有红旗和示威游行队伍的照片寄给省党部,向其密报国民党建瓯县党部已为共产党所控制。

国民党福建省党部在此前已得知建瓯县党部向上海特别市党部发去电报为马式材、李培桐二人申诉,现如今又得到建瓯反动势力的密报,于是便紧急下令开除葛越溪、潘作民党籍,由福建省临时政治会议发布通缉令,并对国民党建瓯县党部进行了改组。和葛越溪、潘作民是由国民党上海市特别党部介绍回到福建并由省党部派回建瓯工作不同,杨峻德在建瓯是以个人身份加入国民党的,且他的共产党员身份也是秘密的,因此福建省党部尚未怀疑到他身上,便委任他为县党部筹备处主任,张贞、杨学勤、朱炳三人为筹备员①。

杨峻德担任主任后,首先面临的问题是在国民党右派反动活动日益猖獗的形势下,如何加强国民党左派和共产党员对于建瓯县党部的领导权。在葛越溪、潘作民被开除党籍后,省党部对县党部的监管也越来越严,工作中也是处处受到掣肘。接管建瓯县党部前后,葛越溪、杨峻德等人发展了300多人加入国民党,这些人填报入党申请书上报省党部,省党部认为建瓯县党部由左派控制,不肯审查。按国民党当时规定,没有经过审查的这300多人便不能领取党证,因此这一时期的国民党党员还是原来的十几个人。鉴于县党部左派势力始终得不到发展,杨峻德冷静认真地分析了面临的严峻局面,认为只有吸纳工农运动中涌现出来的优秀分子,不断壮大共产党员和共青团员队伍,才能解决这个问题。

省立五中学生杨又仕,在1925年的五卅运动中率先在学校组织了抵制日货的学生运动,积极投入革命洪流,并于1926年冬担任了共青团省立五中小组负责人。1927年1月县党部筹备处成立后,大力发展工、农、学、商、妇群众组织,被推举为县学生联合会会长。在开展革命运动

① 参见朱炳《朱炳自书摘录》,1951年1月22日。

《时报》关于福州"清党"的报道

中,杨峻德看到杨又仕经常废寝忘食地工作,夜里帮助印刷宣传单,白天利用课余时间上街宣传,便产生了吸收其加入党组织的想法。在经过多次深入考察了解后,便和五中教师翁树年一起介绍杨又仕加入了共产党。

杨又仕加入党组织后,杨峻德指示他和翁树年在省立五中进步学生中积极发展共青团员。1927年6月,杨峻德、翁树年、陈碧笙、杨又仕等人见证了20多名优秀青年学生加入团组织,并在此基础上成立了由翁树年担任负责人的共青团建瓯特支。这一时期,由杨峻德介绍加入党组织的还有叶逸民、蔡攀一等人,这些优秀青年,为此后开展的革命活动提供了新鲜血液和有生力量。

6月中旬,因为杨峻德领导的国民党建瓯县党部频频开展工农运动,国民党福建省党部撤销了杨峻德等人的职务,并派来了右派分子范公穆、刘澂来建瓯进行"清党"活动。鉴于形势急转直下,杨峻德立即着手安排党组织的撤退工作,由方文治留守交通站,负责联络工作。已暴露身份的党团员及时疏散转移,其他未暴露身份的党团员则一律转入秘密活动。杨峻德的这一安排,有效地保护了党组织的力量,使得党组织在建瓯的秘密活动能够继续开展下去。

在妥善安排大家疏散之后,杨峻德也尽快离开了建瓯。为了不连累家人,他并没有直接回吉阳,而是深入到建瓯周边的丰乐、上屯、下抱等地农村秘密考察。他每到一处,便和贫困农民深入交谈,介绍建瓯的工农运动情况,动员农民团结起来开展斗争。南乡农民陈金寿,世代受地主豪绅的欺压,杨峻德来此宣传革命,使他终于解开了思想的枷锁。此后他积极奔走联系,得到徐伦言、林积妹等贫困农民的支持,成立了将相里农民协会,并发展了100多名会员,极大地壮大了当地农民运动的声势。

6月底,正在建瓯农村开展革命活动的杨峻德,收到了葛越溪托人从福州带回建瓯的密信。在信中,葛越溪请杨峻德立即赶赴福州,与其一起按照上级党组织指示,重建福州党组织。读了葛越溪的信后,杨峻德心里久久不能平静,他反复思索着即将开始的工作。接受上级党组织安排的革命任务,是一名党员义不容辞的责任。然而从各方面了解到的情况来看,福州党组织的活动已基本瘫痪,而福州作为福建的政治、经济、文化中心,国民党反动派势必会格外重视,此去福州,必将格外凶险。所以他决定临走之前,先回趟吉阳,和家人道个别。

范钦章

杨峻德回到家中,为了不让家人担心,同时也出于保密的需要,他只是告诉家人自己要去外地工作,可能很长一段时间都不能回来,希望母亲多保重身体,并嘱咐哥哥照顾好母亲。张玉仙知道儿子已经长大,并有了自己的事业,做母亲的自然不好干涉。于是她叮嘱杨峻德,好好和妻子道个别。此时的范钦章已有6个月的身孕,当她听说丈夫要出远门而且很久都不能回来,原本喜悦的心情一下子跌入谷底,瞬间就红了眼眶。杨峻德好言宽慰,告诉妻子不用替自己担心,待工作完成后,一定尽快赶回来看望她和孩子。他还特意交待,孩子出生后,若是男孩,可取名"宏农",做农民,也应有宏大的理想与抱负。若是女孩,也要好好养大,告诉他父辈的苦楚。通情达理的范钦章知道丈夫去意已决,只好勉强答应,并叮嘱丈夫在外照顾好自己,早日归来。听了妻子的这些话,杨峻德强忍着眼中打转的泪水,毅然走出了家门。

受命福州

杨峻德到达福州后,按照葛越溪提供的地址,来到了陈应中①哥哥陈兴再家。从上海回来后,葛越溪便暂时住在这里。此前,葛越溪已经联络上了苏建维、陈炳等十来名福州"四三"反革命政变后失散的党员,并在福州南门外一个村子里组织了一个小组。然而由于陈兴再的疏忽大意,将小组党员的名单遗失在人力车上。葛越溪感到事态严重,为了稳定人心,便给予陈兴再开除党籍的处分,并将此事写信告知了狱中的陈应中,得到了对方的肯定。

杨峻德到来后,葛越溪将此事的来龙去脉告诉了他。杨峻德听后敏锐地指出,党员名单已经泄露,这些同志就存在暴露的危险。况且已经开除了陈兴再的党籍,无论他此后有没有泄露秘密的可能,为了安全起见,大家都应该立即转移,不能再继续留在这里。杨峻德的这一番话,使得葛越溪幡然醒悟,并决定尽快搬离这里。

福州北门的马鞍乡位于福州西北郊,虽是个偏僻的山乡,但离福州市区很近。这里北靠五凤山,沿山间小道,同北郊的新店、战坂、秀山以及北岭下、毛头山等地均可相通,回旋余地很大。早在大革命时期,这一带就是革命斗争非常活跃的地区。大革命失败后,马鞍籍党员苏建维根据福州地委指示回到这里,建立了地下活动据点,安排部分共产党员隐蔽在马鞍一带继续开展秘密斗争,保存了党的力量。在认真

---

① 陈应中(1904—1994),原名陈兴钟,福州人。福州"四三"反革命政变前任中共福州地委组织部长,后被捕入狱,出狱后转到厦门工作。1936年赴日本学习,翌年回国后在叶挺部工作。中华人民共和国成立后,历任广州军管会海关处长、华南财委海关处副处长兼海关关长、广东省统计局局长等职。

考虑以后,杨峻德和葛越溪便搬到了这里的一间民房居住,并积极开展革命工作。为了方便开展工作,杨峻德从此化名为杨适。

鼓楼是福州电报业最为集中的地区,也是福州电报业工人最为集中的地区。长期以来,电信公司唯利是图,工作强度大,工资待遇低。当时福州"电报工人共一百六十五人,每月工资在四十元以上者一百三十多人,这是高等工人,每月工资在十六元以下者三十余人,这是下等工人。高等工人工时每日可以由上午九时做起,做到下午十二时,做了一整日,可以接连休息两日,不管星期日与否。下等工人工时每日平均九小时,有时要做夜工,星期日有时可得到休息,伙食住宿在局所之内,下等工人对于高等工人都是称呼老爷或师爷,待遇如何,由此可知"①。广大电信工人为提高薪水、改善生活开展了积极斗争。

陈贻衍《戏注关于加薪问题的籤诗》

1925年9月,在上海召开的全国电信职工代表大会宣布成立中国电报工会联合会,实行全国总罢工,迫使当局答应给予递报生、线工、勤杂工等每月增薪十元。1927年南京国民政府成立后,交通部宣布取消增薪十元的决定,引起了广大电信工人的强烈愤慨。

电信局报务员、福建省电信工人第一次代表大会筹委会主任、工

---

① 《关于福州工人生活状况报告》,1927年12月。

运积极分子黄国华和杨峻德认识,便将福州电信工人的这一情况报告给了杨峻德,引起了他的重视。杨峻德立即和黄国华商讨,决定组织召开福建全省电信工人代表大会进行抗议。

7月,在杨峻德的精心指导下,福建电报工人第一次代表大会在福州南公园召开。来自全省37个电报局的代表,选举产生了福建省电报工会,福州电报局下属的长门电报局报务员、福建电信工人运动领导人陈贻衍当选为主席,黄国华当选为执委会组织部部长,徐天民当选为工会秘书。

全省电报工会成立后,在杨峻德的指导下,陈贻衍发动全省各电报局一致行动,停止通报十分钟,以示抗议,并通报全国,迫使交通部撤销"取消增薪十元决定",外省各局也援引福州成例,维持增薪十元,"此中皆赖杨峻德同志的指挥和推动"①。

1927年6月,潘作民与黄育三、朱炳一起赴武汉向党中央报告闽北工作情况,中共中央派陈昭礼②从武汉回福建重建闽北党组织。当时,"中央决定闽省暂时划分闽南、闽北两区。兴化③、泉州、厦门、漳州、龙岩、汀州属闽南;福州、南平、邵武、建宁所属为闽北。各设临时委员会管理之。闽北临时委员会直隶中央,闽南临时委员会由粤省委指挥。闽北中心应渐移福州,闽南临委应在厦门。闽北临委书记陈昭礼,组织潘作民,宣传季康"④。

---

① 黄国华:《有关杨峻德同志的一段革命历史》,1985年11月。

② 陈昭礼(1907—1940),字希周,又名陈豪人、陈才。福建闽县人。1925年加入中国共产党。1927年1月,任中共福州地委书记,同年7月任中共闽北临时特委书记。1929年任中共福建省委代理书记。与邓小平领导百色起义后任红七军政治部主任、前委书记。1931年到上海向临时中央局汇报工作,失去组织联系后从事左翼工作。1933年与中共党组织恢复联系后从事秘密工作,抗日战争时期被中共派去国民党政府第七十军部宣传抗日并发展中共党组织。1940年8月13日,在福建崇安被国民党军统特务暗杀。

③ 兴化,即今莆田。

④《中共中央致闽北闽南临委信》,1927年8月7日。当时机密文件由机要交通传递,往往需要很久才能到达。为安全起见,文件精神往往先由相关人员背诵后带回,故存在文件精神早于文件到达的情况。

陈昭礼　　　　　　　季永绥

7月底,陈昭礼一行从武汉到达建瓯后,与季康(即季永绥)等人商讨建立中共闽北临时委员会。8月初,闽北临委在建瓯城关五通巷成立,直属中共中央领导,陈昭礼为书记,潘作民负责组织,季康负责宣传。闽北临委成立后,召集了建瓯支部隐蔽下来的党员,成立了中共建瓯县委,季康兼任书记,潘作民、翁树年等人为委员。

9月,陈昭礼自建瓯到达福州,向葛越溪、杨峻德传达了中共中央关于成立闽北临委的决定。按照中央精神,陈昭礼和葛越溪、杨峻德等商讨成立了以葛越溪为书记的中共闽北临委福州办事处。

福州办事处成立后,为了贯彻中共中央关于"闽北中心应渐移福州"的指示,葛越溪和杨峻德等商讨后认为,当下最紧要的工作应该是尽快将福州"四三"反革命政变后隐蔽在各处的党员联系起来,以恢复、重建原福州地委下属各党组织,进而开展革命活动。

福州"四三"反革命政变后,福州地委遭到了极大的破坏,不得不停止活动,福州下属各支部也损失殆尽。9月左右,葛越溪、杨峻德得知失去地委领导的古田特支仍在坚持斗争,于是以苏建维为特派员,与古田籍共产党员陈炳一起回乡,负责与古田特支接上关系。陈炳回到古田后,积极发展党员,发动农民运动。至1928年初,全县建立了城郊、罗峰、浣溪、平湖等4个党小组,发展了46名党员。

1927年11月,陈昭礼、潘作民到达福州后,向葛越溪、杨峻德传达了中共中央关于闽北、闽南两临委合并成立福建临时省委的决定,并通知葛越溪立即动身,随他们一起去漳州参加全省各县党的负责同志联席会议。于是,葛越溪便将福州的工作暂交杨峻德主持。此时,中共中央八七会议文件正式到达福建,会议精神开始向党员传达。

杨峻德接手福州办事处的工作后,深感福州作为全省的政治、经济、军事中枢,各方面情况自然是建瓯所不能比拟的。为更好地贯彻执行八七会议"工人阶级应该时刻准备能领导并参加武装暴动"以及"闽北中心应渐移福州"的决定,福州办事处对福州的工人生活状况进行了调查研究并形成了报告①。

福州工人约分为产业工人、手工业工人、运输业(含人力车夫)工人和店员四部分。从报告中可以看出,福州产业工人主要有几个特点:

> 一是人数众多。兵工厂工人在一千人以上,造船厂在两千人以上,而运输业更是多达五万七千多人,手工业者则因为分散在城市四方而一时难以统计。
>
> 二是工资不高。造船厂工人工资有以日计算和以月计算两种。以日计算的每日工钱三角、四角、五角三种,以月计算的十元、十二元、十四元三种。兵工厂有工人和艺徒两种,工人工资每月十二元、十四元、十六元三等,艺徒每月一律八元。电报工人中的下等工人,每月工资都在十六元以下。至于手工业工人和运输工人,收入则更低。此外,手工业工人中的学徒则没有工资,只有饭吃。而他们的共同特点都是吃饭要自己掏钱,有的行业工人住宿费用要从工资中扣除。
>
> 三是劳动强度大。造船厂、造币厂、电报业工人工时普遍在十时以上,有时还有夜班。而手工业工人工时更是在十四时以上,学徒更是起比人早,睡比人迟。人力车夫则是自天亮忙到晚上十二

---

① 《关于福州工人生活状况报告》,1927年12月。

点,除了等人外基本不休息。

四是遭受不公待遇。电报业下等工人见到高等工人要喊老爷或师爷。手工业学徒常遭殴打,普遍要三年才能出师。人力车夫除了缴纳车租、车捐、牌照捐外,还要遭受车主和警察的殴打漫骂。

五是工会作用缺失。造船厂以前有工会,现已撤销,但尚有一部分保持存在,亦不过是领袖式的工会,沦为个人牟利的工具。兵工厂工会分本地外地两派,常因小事斗殴。码头工人被国民党左右两派利用,互相争斗。人力车夫工会是车主和警察组织的,是剥削车夫的工具。

这份调查报告对福州的产业工人行业、人数、工资、工时以及工会在其中发挥作用情况进行了深入细致的调研,对于福州办事处和中共中央开展工人运动、发展党员和党组织,都具有重要的参考意义。

12月4日,中共福建全省各县党的负责同志联席会议暨中共福建临时省委成立大会正式开幕。5日,大会选举产生了中共福建临时省委,陈明①、陈昭礼、王海萍②、葛越溪等九人为临时省委执行委员,陈明、陈昭礼、王海萍等五人为常务委员。联席会议提出了党目前的任务:乡村方面,领导农民向暴动的路上走,实行土地革命,工农武装夺取政权,一切政权归苏维埃,杀尽地主豪绅。城市方面,如厦门、福州、漳州、泉州等地,组织秘密的或公开的工会,经常作经济的、政治的斗争,团结巩固党的力量,为武装暴动做准备。兵运方面,扩大党的宣传,动员士兵参加革命的组织,帮助工农革命,形成工农兵的大联合。

---

① 陈明(1902—1941),原名陈若星,字少微,福建龙岩人。1925年加入中国共产党,1927年12月担任中共福建临时省委书记。1931年到瑞金任红军总政治部宣传科长。1934年10月参加长征,1936年任陕北红军大学军事、政治教员。1940年7月任山东战时工作推行委员会秘书长,1941年4月任副主任兼秘书长。1941年11月日军围困一一五师师部和山东党政军领导机关时,突围失败,自杀殉国。

② 王海萍(1904—1932),原名王朝鸾,字翔林,广东琼山(今属海口市)人。1925年加入中国共产党。1927年8月任中共闽南特委委员,12月任中共福建临时省委常务委员兼宣传部长。1929年任中共福建省委执委兼军委书记。1931年任中共福建省委代理书记,7月任厦门中心市委书记。1932年7月在厦门被捕牺牲。

临时省委成立后,即派出干部到重要地区巡视,传达省委指示精神,指导工作,帮助开展武装斗争。随后,葛越溪以临时省委执行委员兼闽北巡视员的身份返回建瓯开展革命工作。

12月中旬,中共福建临时省委派刘乾初①为巡视员,到福州恢复党组织。刘乾初到福州后,通过隐藏在佛教功德林里的老交通员傅炳恭,联络到了失散的党员江木煊、郑乃之、黄源等人,恢复了党的组织,在此基础上成立了中共福州市执行委员会,并筹建了福州市总工会和市农民协会②。

中共福州市执行委员会成立后,中共闽北临委福州办事处撤销。12月26日,中共福建临时省委书记陈明在关于福建组织情况的口头报告中称,福州在反革命政变前有共产党员150人,政变后仅留20人(连共青团员在内),现在发展到110人,最近一个月拟新发展150名工农同志。③ 这一报告,充分体现了自福州"四三"反革命政变后,福州办事处及福州市委的工作成效。

刘乾初

1928年1月,福州市委书记罗石冰④因言语不通,难以开展工作而离开福建转往上海,省委决定由杨适(杨峻德)接任中共福州市执行委员会书记,这一时期福州市执行委员

---

① 刘乾初(1897—1931),又名刘谦初,山东平度人。1927年1月加入中国共产党,8月到上海,在中共江苏省委工作。1927年12月,受中共福建临时省委派遣,以巡视员身份前往福州恢复党组织,8月任中共福建省委书记。1929年2月调任中共山东省委书记,8月被捕。1931年4月英勇就义。

② 中共党史人物研究会编:《中共党史人物传》第21卷,第50页,陕西人民出版社,1985。

③ 中共福州市委党史研究室编:《福州革命史大事记(1919.5—1949.8)》,第27页,中国海风出版社,1994。

④ 罗石冰(1896—1931),又名石彬,字子石,江西吉安人。1923年考入上海大学,同年加入中国共产党。1927年1月任中共江西区委委员、吉安地委书记。1927年12月任中共福州市委书记,1928年1月赴上海工作。1930年任中共青岛市委书记,1931年1月在上海被捕后牺牲。

还有林雄官、郑长琦、黄孝敏、黄源、陈仁材、许馥藩,林雄官负责组织,郑长琦负责宣传。此时有支部九个,党员数十人。

1928年1月21日是列宁逝世4周年纪念日。为了表示对这位全世界无产阶级革命导师的怀念,同时也为了响应八七会议提出的"要在暴动中组织共产党人占多数的、工农民权独裁的临时革命政府"的号召,以杨峻德为书记的中共福州市执委会决定以此为契机,于24日散发告民众书和传单,号召被压迫民众团结起来反抗剥削阶级。为此,中共福州市执委会联合共青团福州市执委会起草印刷了《为列宁逝世四周年纪念告农工及一切被压迫民众书》,书写了"实行土地革命""建立农工兵政权"①等革命标语。杨峻德命人趁着夜色将告民众书和标语贴在福州城的大街小巷,他坚信,当24日清晨的第一缕曙光穿透黑夜后,首先看到这些慷慨激昂的话语的人,必定是广大勤劳勇敢、受尽苦难的福州民众,而他们,也是"实现土地革命"和"建立农工兵政权"的最可靠力量。

2月,中共中央指示福建临时省委,福建的任务是打好福州、厦门、漳州、建瓯等重要城市的党组织及工会的群众基础,开展工人群众的日常政治、经济斗争,努力领导乡村农民自发的斗争,并谋扩大。在闽北、闽南布置一个由日常斗争而达到工农暴动的割据局面。中央还指示,福州的"工运,还不是急于造成些斗争,而是先了解福州工人的日常生活的状况,与群众密切接近,然后才能为他们提出要求,发展秘密工会的组织,引导他们从小的斗争达到罢工的示威行动"。"没有工运,也就没有福州的工作"②。中共中央的指示,为福州市委开展工作指明了方向。

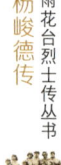

---

① 韩信夫、姜克夫主编:《中华民国大事记第2册》第13卷—第19卷,第744页,中国文史出版社,1997。

② 中共福州市委党史研究室编:《福州革命史大事记(1919.5—1949.8)》,第28页,中国海风出版社,1994。

1927年底,长乐县营前区玉田乡人郑雄冠①受刘乾初委派,回到家乡接办玉田小学,从事农民运动。这时,福建省政府农工厅厅长、老同盟会会员黄展云在营前区创办"营前模范农村",推行改良主义所谓的"三民主义"实验。刘乾初觉得这是开展党的工作的好机会,便和中共福州市执委书记杨峻德研究,决定派共产党员黄源(黄展云的堂弟)打入"营前模范农村",担任民团主任②。

在黄源的掩护下,1928年2月春节过后,杨峻德派江木煊、陈仁材、赵忠英、孙健、傅炳恭等人前去长乐县玉田、桃源两乡,以接办玉田小学为掩护,协助开展工作。江木煊等人到后,与郑雄冠一起积极活动,以玉田小学为掩护,创办农民夜校,培养农民骨干,开展农民运动,先后成立了玉田支部、桃源支部,分别由郑习喜、郑麻堂担任书记,党员人数达到30多人。

1928年夏收开始后,由于地租太高(一般在总收成的六成以上),玉田、桃源农民要求地主减租,得到了两个乡农民协会的支持,附近的大溪、八社等乡农民协会相继响应,都宣布实行"二五"减租,但到交租时,地主拒不接受,从而形成对抗局面。

中共福州市委对玉田、桃源一带的农民运动发展情况十分重视。6月,市委派巡视员刘乾初到长乐县桃源乡视察,布置桃源、玉田两乡的减租减息斗争。在刘乾初的指导下,营前区农民协会号召各乡农民发展组织,加强团结,准备力量与地主斗争到底。两地农民的斗争精神,引起了当地土豪劣绅的极大恐慌和仇视,纷纷联合起来向国民党当局告发郑雄冠等人发展共产党组织,煽动农民暴动。

当时,福州市委得知土豪劣绅已聚拢起来,准备反扑,提醒大家要提高警惕,准备应急措施。8月,福州市委召开扩大会议研究对策,江

---

① 郑雄冠(1907—1986),又名乃之,福建长乐人。1927年加入中国共产党,福州"四三"反革命事变爆发后,返回家乡从事农运工作,1928年8月被捕。1930年3月出狱后到广州做兵运工作,1941年任国民党七十军特务营营长。1947年后任国民党陆军总部中校参谋,负责为党组织提供情报。新中国成立后曾在福建省公安厅工作。

② 中共党史人物研究会编:《中共党史人物传》第21卷,第50页,陕西人民出版社,1985。

木煊、孙健、玉田支部书记郑习喜、桃源支部书记郑麻堂等人参加了会议。会议开了三个晚上,最后决定开展武装斗争,以民团为主力带动农民实现自卫抵抗,取得胜利时可成立"工农兵苏维埃政府"。会后,黄源到"模范农村"运来步枪30多支,又从永泰取来驳壳枪。江木煊、孙健则返回玉田、桃源开展武装斗争的准备工作。然而由于叛徒郑廷泰告密,郑雄冠、江木煊、孙健等人被捕判刑,郑麻堂、郑习喜紧急疏散,农民协会被迫解散,党组织遭到破坏。

福州市委在指导、支持农民运动的同时,亦加强了对于工人运动的领导。市委派专员负责各厂各业的工运工作。如人力车夫工运由倪恩官负责,兵工厂由梁国干负责,造船厂由孙健和郑茂才负责,镜箱厂由林云官负责,工程队由周烂负责。由于兵工厂、造船厂不在市区,市委还明确要求这两个厂的专员须住到工厂宿舍,以方便开展工作①。

针对各个行业的特点,市委有针对性地提出了加强工作的措施。如针对人力车夫散漫的习性,市委要求人力车夫里的同志每人介绍十人以上,组织秘密工会。锯木厂先改造旧工会,再做驱逐指导员的工作。工程队先选择工人领袖,并用弟兄团形式组织秘密团体,准备加薪斗争。市委还提出做工运的同志一律要化装深入工人群众中去宣传,以扩大党组织和工会的影响力,壮大革命力量。

就在杨峻德全身心地投入到福州工农运动工作中时,却发生了一件意想不到的事情。1928年9月,福州市委派驻到人力车夫工会的负责人倪恩官自杀了。当时,在杨峻德的领导下,福州市委党的组织恢复和发展正在有序开展。因此,对于倪恩官的自杀,很多同志都难以理解。一时之间,一股消极思想弥漫开来,造成了很不好的影响,以至于中共中央在当年10月致福建省委信中,批评福建大多数同志存在一种"速成科"观念,以为革命不一定要经过长期的艰苦的斗争,只需要登高一呼,即刻就可以取得政权,实际工作中遇到困难不是表现消极就是

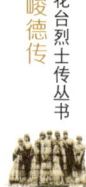

---

① 中央档案馆、福建省档案馆:《福建革命历史文件汇集 1928年(下)》,第178页。

表现拼命甚至自杀,并不点名地举了倪恩官的例子。①

事实上,杨峻德对于倪恩官一事可能造成的消极影响是有准确判断的。据黄国华后来回忆②:

> 杨峻德同志告诉我们说:自杀是消极的,不是勇敢。一个革命者应该把生命贡献给社会人类,随时准备被杀,才是光荣的。共产党员自杀,就是反革命,就是叛徒。

杨峻德的这一番话,对于坚定广大党员理想信念,及时控制倪恩官自杀造成的消极影响,起到了关键作用。

1928年6月,中共福建临时省委代理书记陈祖康叛变投敌,致使福建党组织处在极大的危机之中。6月24日,临时省委召开紧急会议,决定请在福州工作的刘乾初回厦门主持省委工作,并派赵亦松为代表向中央汇报。中共中央听取临时省委汇报后,即派郑超麟为中央特派员来福建帮助党组织应对危机。

郑超麟

为传达贯彻中央指示,研究福建今后的工作方针,解决陈祖康叛变后福建党组织面临的问题,9月初,中共福建临时省委在厦门鼓浪屿升旗山一带召开全省紧急代表会议。据郑超麟③回忆:"各地代表来了,福州来的是陈昭礼,建瓯来的是杨峻德,漳州、厦门何人作代表,我

---

① 中共福建省建阳地委党史办、福建省建阳地区档案馆:《闽北党史文献第一集》,第78页,1983。
② 黄国华:《有关杨峻德同志的一段革命历史》,1985年11月。
③ 郑超麟(1901—1998),福建漳平人。1919年赴法国勤工俭学,1922年6月参与创建旅欧中国少年党。1924年加入中国共产党,9月回国后任中央宣传部秘书。1928年10月任《布尔塞维克》编委会委员,1929年赴福建整顿党务。1931年后长期参与中国托派组织,1979年任上海市政协委员。1998年病逝。

不记得。""杨峻德情况不详,我保留的印象是他很能干,很会说话。"①

此次会议正式成立了中共福建省委,选举并经中央批准的省委委员为刘乾初、陈昭礼、谢汉秋②、陈真仔、林香仔等5人,候补委员为杨峻德、罗明③、张鼎丞、王海萍、徐履峻等5人。刘乾初、陈昭礼、谢汉秋为常委,刘乾初任书记。中共中央又指定罗明、吴亚鲁、陈真仔为候补常委。

罗明

福建省委正式成立后,省委机关由厦门迁到了福州。10月,罗明回到福州。福建省委在福州召开扩大会议,作为省委候补委员、福州市委书记,杨峻德也出席了这次会议。会议传达了中共六大精神,还按照六大精神研究部署了暴动过的地区进一步开展游击斗争的问题。

11月,福建省委"鉴于过去教育训练工作太差,同志政治水平线太低,干部人才之缺乏",因而在福州开办了一期训练班。训练的对象为下级干部。"当时参加训练班者有福州市委负责同志三人,做工运同志一人,C. Y. 市委负责同志三人,学生同志三人,一共十人。"训练班时间为一星期,每天两小时,讲课内容以中共六大决议案精神为主,涉及党的政治任务、福建政治现状及工作方针、职工运动、农民运动、城市民权运动和党员须知。作为福州市委负责同志,杨峻德参加了这次训练班。虽然由于时间紧张,也没有

---

① 郑超麟等:《郑超麟与中共福建"一大"》,《福建党史月刊》2000年第2期。
② 谢汉秋(1904—1930),又名谢景德,福建龙岩人。1926年加入中国共产党。1927年7月参加闽南临委工作,1928年9月当选为中共福建临时省委常委、组织部长,11月兼任中共厦门区委书记。1930年任省委常委、组织部长兼秘书长,11月因病去世。
③ 罗明(1901—1987),原名罗善培,广东大埔人。1925年加入中国共产党,1926年任中共汕头地委执行书记。1927年任中共闽南特委书记、中共福建临时省委常委。1928年任中共临时省委书记,1929年任中共福建省委书记,1931年任中共闽粤赣省委书记、福建省委代理书记,1933年被错误地作为"罗明路线"的代表人物。新中国成立后,历任南方大学副校长、广东省政协副主席、全国人大常委等职。

编印训练材料,但是"训练班开班后,同志颇觉兴趣,且精神为之一振"。

征战闽北

1928年10月31日,中共福建省委候补委员、崇安县委书记徐履峻在领导以上梅为中心的崇安、浦城农民暴动中英勇牺牲。徐履峻牺牲后,福建省委在11月17日提交给中央的报告中指出:"徐同志是党内很积极的干部,此次因斗争而牺牲,实是福建党内的重大损失。"徐履峻牺牲后,福建省委发出告崇安同志书,"说明此次事变之由来,以鼓起一般同志在失败后的精神和勇气"①。

为了指导崇安县委下一步的工作,福建省委派出了罗子石前往指导。然而不幸的是,由于脑部旧疾复发,罗子石走到延平后不得不折返。省委于是决定由省委候补委员、福州市委书记杨峻德为特派员,前往崇安传达中共六大精神,指导革命工作。

11月28日,中共中央对于第一次崇安暴动失败及今后任务给福建省委作了重要指示:"一、积极恢复党的组织,健全支部;二、继续领导群众进行革命斗争;三、积极宣传党的土地政策,并且与当地农民的实际要求密切联系起来;四、揭露反革命分子勾结豪绅的罪恶;五、极力扩大群众组织。"②

12月初,省委特派员杨峻德到达了崇安。根据省委的指示,杨峻德主持召开了崇安县委会议,确定由陈耿继任县委书记,会议还研究部署了县委下一步的工作。

县委会议召开后,杨峻德和陈耿一起到崇安县小北地区考察农运工作。在麻坊村黄朝梁家的楼上,参加会议的有黄朝梁、黄天保、李华、李义荣等。陈耿首先说,"这位杨同志说不来本地话,今后来领导我们

---

① 中央档案馆、福建省档案馆:《福建革命历史文件汇集 1928年(下)》,第278页。
② 中共福建省委党史研究室:《中共福建地方史(新民主主义革命时期)上》,第303页,中央文献出版社,1993。

工作的。徐履峻同志死得很苦,我们革命同志,个个都要替他报仇。"陈耿讲完以后,杨峻德接着讲道:"我们革命是三起三落的,我们不要怕失败,有失败就有胜利的,大家不要怕。"在听了杨峻德的讲话后,黄朝梁说:"我们不会怕的。"

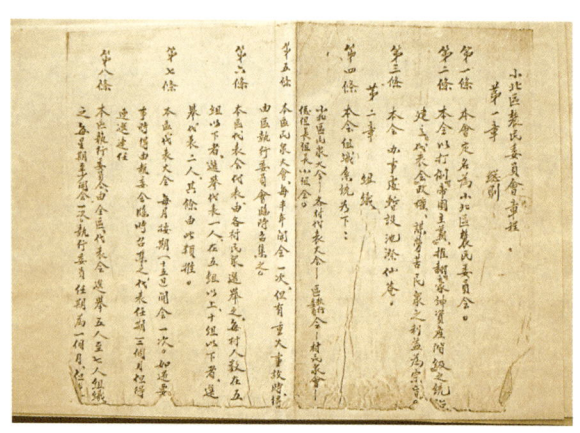

杨峻德手抄的《小北区农民委员会章程》

12月15日,新任的崇安县委书记陈耿在上梅乡燕子岩主持召开了各乡党员代表会议,杨峻德到会指导。会议总结了第一次崇安暴动失败的教训,决定迅速恢复和发展党的组织和民众会,建立脱产的民众队武装,以此为骨干力量,继续发动武装暴动。会上,陈耿和杨峻德带领到会的20多名各地农运领导人共饮鸡血酒,大家举起右手庄严宣誓:"生同生,死同死,如有反意,子弹穿心。"①

12月18日清晨,陈耿带领20多名民众队队员,在下梅街一带抓获了反动分子唐锡贯。当天正值赶墟日,民众队员戴上早已准备好的红袖章,列队前行,押着唐锡贯游街示众,顿时街上人群骚动。陈耿见状,连忙大喊,"大家不要怕,我们是打捐打税为穷人的!做生意的还做生意!"

1929年1月18日,在杨峻德的指导下,崇安县委在上梅乡下屯村召开1000多人的群众大会,宣布崇安民众局重新成立,县委书记陈耿

———————————
① 詹贵老等:《上梅暴动前后》,《崇安县文史资料》第6辑,第38页,内部发行,1986。

任民众局局长。陈耿在群众大会上号召工农群众团结起来,为自身的解放而斗争,为牺牲的烈士报仇。25日,上梅民众队北上攻取了反动豪绅的巢穴首阳村,抓获了曾经引敌袭击后坜民众局的反革命分子杨守纪。

第二次武装暴动序幕揭开后,杨峻德、左诗赞等人在岚谷和浦城岱后整顿党组织,重建民众武装,并指派肖华叶到樟村建立党组织,徐福元、李纪贵、吴永明分别在西乡的大安源、小南山和南乡的东源、大源等地重建民众会,发展武装。在杨峻德等人的努力下,这些地区的农民积极参加民众会,仅一个多月时间,民众武装得到迅速发展,大量置办土枪土炮,总暴动的时机逐渐成熟。

崇安县民众局旧址

1月29日,崇安农民1000多人在上梅乡下屯村举行了第二次武装暴动大会。大会一开始,民众队总指挥陈耿首先下令处决杨守纪、唐锡贯,血祭徐履峻烈士。顿时,会场上响起"为徐履峻烈士报仇""打倒国民党反动政府""革命万岁"等震耳欲聋的口号。接着是杨峻德和陈耿讲话。杨峻德首先分析了当前的形势,随后陈耿号召大家团结起来,打土豪、分田地、不交租、不还债,建立苏维埃政府。最后杨峻德说,"我们革命的人不要怕死,要吃苦耐劳。我们和反动派是对头,不吃苦耐劳对付他们是不行的。"会后,民众队迅速占领了以下屯为中心的周围几十里近30个村庄,暴动成功的红旗重新在上梅飘扬。

在接下来的几天里,周边各地纷纷响应。北乡以岚谷为中心的广大地区和浦城岱后等地,在杨峻德、左诗赞等领导下相继举行了暴动,西乡和南乡的溪源、杉坊、苦竹坑、桐木、吴三地、枫林、南树、洋庄、大安等地在徐福元、吴永明、李纪贵等人的带领下也举行了暴动。

第二次武装暴动成功后,崇安县委决定在2月13日攻打五夫。五夫是崇安东乡最大的一个集镇,有1000多人口,是反动民团团总詹树政的老巢,驻有民团 100 多人。詹树政又与驻扎在建阳回潭的卢兴邦部相勾结,对上梅一带造成了巨大威胁。为了拔掉这个反动据点,2 月 13 日,杨峻德和陈耿率领 2000 多名民众队队员,手持柴刀梭镖,肩扛土枪土炮,分兵四路攻打五夫。

进攻北门的民团队队员首先到达五夫。陈耿率领精干队员,始终战斗在最前列。反动民团 100 多人组成的防线很快就溃败不堪,詹树政逃离五夫。民众队队员破门涌入,占领了五夫集镇。攻占五夫后,由于缺乏战斗经验,民众队队员既没有乘胜追击,也没有安排人员站岗放哨,而是涌入地主家中生火取暖,准备开怀畅饮,庆贺胜利。

仓皇溃逃的詹树政,恰在途中遇到了前来送贺年礼物的卢兴邦部,于是二敌兵合一处,杀回了五夫。待陈耿等人发现情况后,民众队队员已很难指挥,以至于酿成悲剧。民众队队员仓促应战,适逢天降大雨,火药被淋湿,土枪土炮皆不能使用,战斗力顿时减弱。陈耿忙命令大部队撤回,自己率领少数人员负责断后。在敌人强大的火力下,150 多名来不及撤退的民众队队员被残杀。①

五夫失守后,反动势力更加猖獗。1929 年 2 月下旬,卢兴邦部一个团在当地反动民团的配合下,到上梅、坑口、岚口等暴动区进行"围剿",疯狂搜捕共产党员和革命群众,仅下梅一地,就有 220 多户群众受害,粮食、农具、牲畜等被洗劫一空,房屋全被烧毁,浓烟滚滚达数小时之久。

五夫失守后,崇安县委吸取了第二次武装暴动失败的教训,果断制定了以武装割据保存暴动成果的方针,组织民众队退出乡村,转入山区开展游击战争,并在暴动区域内坚决镇压反革命,巩固民众局。

1929 年 3 月,杨峻德带领一部民众队队员,翻越武夷山,进入闽赣边界②,在江西信江南部的铅山和上饶境内的东坑、石垄、乌石、车盘一带活动,点燃了武夷山北麓的革命烈火,发动了以东坑为中心的铅山

---

① 詹贵老等:《上梅暴动前后》,《崇安县文史资料》第 6 辑,第 40、41 页,内部发行,1986。
② 中央档案馆、福建档案馆:《福建革命历史文件汇集(福州) 1927 年至 1932 年》,第 27 页。

农民暴动。

到1929年4月,崇安县民众队发展到16支队伍、2000多人、500多条枪,建立了以上梅、黄龙岩、吴三地为中心的三块游击根据地。上梅游击根据地包括崇安东部的上梅、岩后及南部的北坑一带。黄龙岩游击根据地包括崇安北部的山坳、岭阳、齐白和浦城的岱后一带。吴三地游击根据地包括崇安西南部的黄坑、溪源、坑口和江西铅山、上饶的石垄、乌石、车盘一带的广大地区。

根据形势的需要,杨峻德和陈耿决定将领导武装力量的机关从民众局中独立出来,成立红军局,统一领导崇安一带的武装力量。红军局成立后,又将16支民众队整编为红军团,由总指挥陈耿负责整编。为了加强红军队伍建设、提高战斗力,杨峻德还和陈耿等人一起制定了《红军之意义》《红军之组织》①等文件。

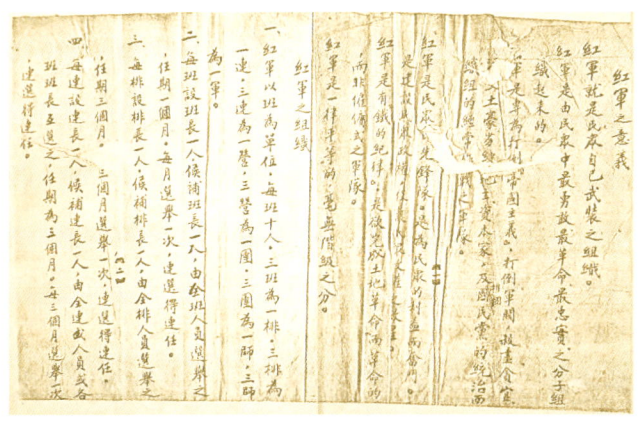

杨峻德手稿:《红军之意义》同《红军之组织》

红军之意义

(1929年)

红军就是民众自己武装之组织。

红军是由民众中最勇敢、最革命、最忠实之分子组织起来的。

---

① 中共福建省建阳地委党史办、福建省建阳地区档案馆:《闽北党史文献第一集》,第164、165页,1983。

红军是专为打倒"帝国主义",打倒军阀,杀尽贪官、污吏、土豪、劣绅、地主、资本家,及推翻国民党的统治而组织的经常作战之军队。

红军是民众的先锋队;是为民众的利益而奋斗;是建设民众政权,保护民众政权之救星。红军是有"铁的纪律",是欲完成土地革命而革命的,而非雇佣式之军队。

红军是一律平等的,毫无阶级之分。

红军之组织

(1929年)

一、红军以班为单位,每班十人,三班为一排,三排为一连,三连为一营,三营为一团,三团为一师,三师为一军。

二、每班设班长一人,候补班长一人,由全班人员选举之,任期一个月。每月选举一次,连选得连任。

三、每排设排长一人,候补排长一人,由全排人员选举之,任期三个月。三个月选举一次,连选得连任。

四、每连设连长一人,候补连长一人,由全连人员或各班班长互选之,任期为三个月。每三个月选举一次,连选得连任。

1929年10月,民众队在黄龙岩整编为"中国工农红军第五十五团",团长陈耿,副团长左诗赞、丁佃弟,下辖3个营,共500余人、100多条枪。从此,中国工农红军的旗帜在闽北高高飘扬。

对于杨峻德在崇安的工作情况,福建省委在1929年3月8日给中共中央的组织工作报告中指出:"崇安的党组织概况因久未有报告来,无从叙述。不过十二月省委曾派巡视员前往,虽未有报告来,但据报纸记载,该(地)农民已由我党领导起来作游击斗争,大概党的工作略有发展。"①1945年3月,邵式平等人在延安撰写了《闽浙皖赣(赣东北)党史》,文中提道:"起义之后,福建省委即派杨适同志来巡视。在杨同志领导下,各种工作都有开展,游击队亦有扩大。到1929年4月就正式

---

① 中央档案馆、福建省档案馆:《福建革命历史文件汇集 1929年(上)》,第145页。

定名为闽北红军独立团,约300人,枪百余支。"①福建省委的报告和邵式平等人的回忆文章,都直接或间接肯定了杨峻德这一时期的工作成绩。

1929年1月到2月间,福州党组织接连遭遇两次事变,机关遭到严重破坏,许多同志被逮捕。福建省委在3月8日给中央的组织工作报告中指出,两次事变使得"市委五人组织,工人二知识分子三,但内中一人因在崇安领导斗争尚未来,尚有一人因家庭关系未参加工作,实际上市委很不健全","工作受了很大的影响,以至到现在工作还没有一点成绩"。②

此时,福州市委书记杨峻德尚在崇安指导革命工作,为了尽快恢复福州党的工作,福建省委于1929年3月中下旬作出决定,由陈仁材接替杨峻德担任福州市委书记。

5月12日至13日,中共福建省委第三次全体会议在厦门召开。"第三次全体会议系于五月十二日举行。除张△△③同志因永定斗争关系不能参加外,其余的省委委员均到会。"

此次会议确定了全省工作的方针:一是目前福建的政治形势;二是检阅过去党的工作的不正确倾向;三是确定目前党的策略及各种工作的方针。这次会议还有一项重要任务,即通过省委候补委员递补为正式委员的决议。在刘乾初调任山东省委书记后,福建省委正式委员只有4人,分配工作比较困难。于是会议决定将杨峻德、罗明、张鼎丞、王海萍4人递补为正式委员,再选举2位委员,使得省委委员人数达到10人,但因为尚无合适人选,因而仍保持8人。按照党的制度,递补的省委委员还需中共中央批准。④

---

① 方志敏、邵式平等:《回忆闽浙皖赣苏区》,第18页,江西人民出版社,1983。
② 中央档案馆、福建省档案馆:《福建革命历史文件汇集 1929年(上)》,第132页。
③ 即张鼎丞。
④ 1928年9月中共福建全省紧急代表会议选举刘乾初、陈昭礼、谢汉秋、陈真仔、林香仔等5人为省委委员,杨适、罗明、张鼎丞、王海萍、徐履峻等5人为候补委员。中共中央又指定罗明、吴亚鲁、陈真仔为候补常委。故本届省委委员共11人,其中刘乾初调任山东,徐履峻牺牲,张鼎丞在闽西,故参会者8人。

省委全体会议结束后,1929年6月初,受省委派遣,杨峻德前往海澄地区巡视。①巡视结束后,杨峻德向省委报告了海澄县党的工作情况。随后,省委"为提高同志的政治水平线及增加同志的工作能力,从六月决定经常继续不断地开讨论会。参加讨论会的同志,是各地招来的负责同志,厦门市的活动分子以及省委决定派往各地工作的同志"。

杨峻德作为"准备派往福州市委负责的"②同志,参加了第一次的讨论会。参与这次讨论的共有5人,另外4位分别是崇安派来接头的负责同志和派往惠安、漳州、闽西工作的3人。此次讨论的材料是以中共六大决议案为主题,参考最近的政治情形,中央通告以及福建、全国的实际材料。讨论的议题为政治讨论、组织、职工、农民等问题以及全省工作方针。每次讨论时长3小时。由于几位同志都做过实际工作,因此通过参加这次讨论,大家都感到收获很大。

7月,鉴于3月以来福州市委的工作情况,省委再次任命杨峻德为市委书记。此时上任,对杨峻德而言是个考验。7月29日福建省委在给中央的组织报告中指出,福州"市委五人,其中知识分子四人,工人一。书记杨系省委委员,去年参加过崇安斗争"。"市委不很健全,没有经常工作。"支部建设方面,此时福州市委下属4个支部,1个特组,共有党员19人,但是支部都不健全,党组织在群众中也没有赤色工会组织。"总之,福州的党在目前还没有什么基础。"然而省委对于杨峻德推动市委工作仍抱有很大信心。省委指出:"杨同志系最近去负责的,同时省委也派巡视员去。经过一个时期以后,工作当较有头绪。"③

杨峻德没有辜负省委的期望。1929年7月,在福州市委的领导下,福州组织工作取得进展。党员周兰、魏光增在马尾船厂附近开设咖啡店,联系了30多名工人。市委派陈宗远到南台区电汽厂和附近的锯木厂,通过卖小吃接近锯木厂工人。派陈仁材到民国日报馆发动印务工人。另外,市委也派了党员去邮务、布业、店员工人中开展工作。这

---

① 参见中央档案馆、福建省档案馆《福建革命历史文件汇集 1929年(下)》,第51页。
② 中央档案馆、福建省档案馆:《福建革命历史文件汇集 1929年(下)》,第52页。
③ 中央档案馆、福建省档案馆:《福建革命历史文件汇集 1929年(下)》,第57、58页。

些工作的开展和成绩的取得,恰恰表明了1928年7月《福州工运计划大纲》提出的深入工人群众中开展工运工作的必要性。

杨峻德在福州市委的出色工作,得到了福建省委的充分认可,同时也为他再次承担更重要的任务打下了基础。

1930年2月,中共福建省第二次代表大会在厦门召开。大会传达了中共六大和六届二中全会精神,总结了第一次省党代会以来的工作,分析了目前的政治形势,指出了福建党的政治路线和工作方针。

会议选举了新一届福建省委成员,罗明、谢汉秋、王海萍、雷时标、苏阿德等5人为常委,邱泮林、杨适(杨峻德)、张鼎丞、戴树兴等4人为执委。省委书记罗明,组织部长谢汉秋,宣传部长王海萍(兼军委)。

会议对福建的政治形势进行了分析,认为"福建军阀战争的危机日益迫近,混战不可避免地快要到来。福州事变①之后,各派军阀都加紧准备战争","战争增加工农群众的痛苦,使群众不能不起来斗争"。因此会议认为,福建党组织要"加紧发动和领导发对军阀战争的斗争,发动群众反捐税的斗争等等,并联系到反军阀战争"②。

对于闽北的政治形势,会议通过的政治决议案指出:"闽北应建立特委,指导延平、建瓯、崇安等处斗争的发展。闽北崇安武装斗争已经发展,并与江西信江苏维埃区域有相当的联络,建瓯亦有相当的工作,延平虽现在无工作,然其地位重要,为闽北中心城市,这些地方斗争都很有发展的可能,然离省委很远不易指导工作。以后闽北应建立特委,使能充分注意指导地方工作,使崇安能发动游击战争,建立苏维埃政权,并且使闽北各地斗争均能在正确路线下迅速发展起来。"③

考虑到杨峻德为闽北建瓯人,又有在福州主持地方党组织工作的丰富经验,于是福建省委任命省委执委杨适(杨峻德)为闽北特委书记,"建立闽

---

① 又称福建"一六事件",即1930年1月6日,福建军阀卢兴邦指使部下卢兴荣借省政府委员陈培锟生日宴,绑架了在场除陈培锟外的多名省政府委员。该事件是福建军阀互相争斗的结果,进而引起了代表省政府的刘和鼎部与卢兴邦部的"刘卢战争"。
② 中央档案馆、福建省档案馆:《福建革命历史文件汇集 1930年》,第79—82页。
③ 中央档案馆、福建省档案馆:《福建革命历史文件汇集 1930年》,第106、107页。

北特委指导延平、建瓯、崇安的斗争,造成闽北广大范围的地方暴动"①。

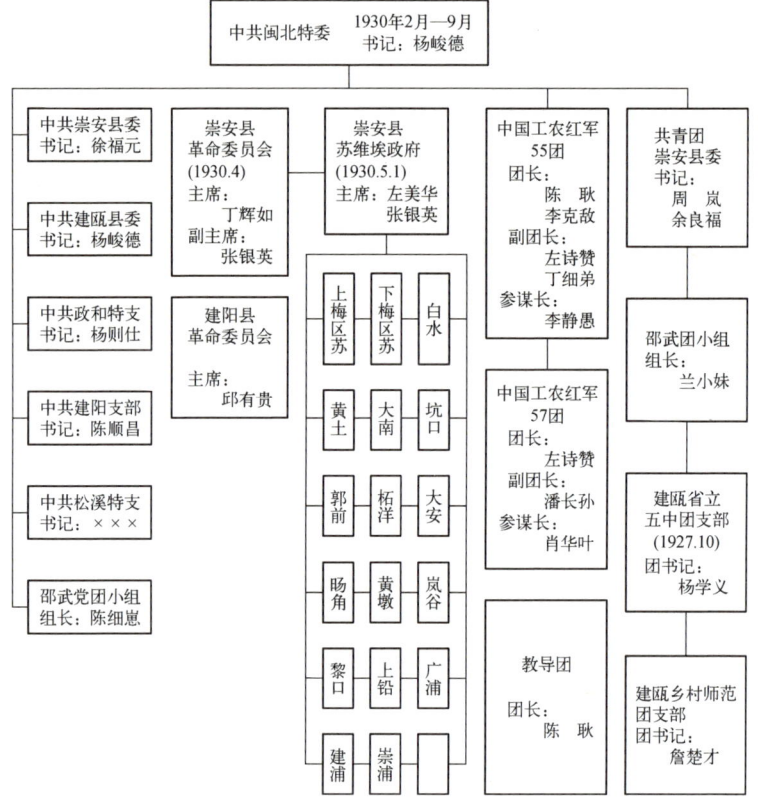

中共闽北特委组织情况表

1930年2月底,杨峻德和闽北特派员陈之枢②到达建瓯后,成立了建瓯县委,杨峻德任书记,机关设在城关磨坊前翁耀先家里。随后,杨峻德组织建属六邑的崇安、建瓯、政和、建阳、松溪、邵武六县党组织负责人和部分党员召开会议,传达学习福建省第二次党代会"发动游击战争,建立苏维埃政权"的会议精神。会上成立了闽北特委,杨峻德任

---

① 中央档案馆、福建省档案馆:《福建革命历史文件汇集 1930年》,第79页。
② 陈之枢(1905—1962),又名陈拱北,建阳书坊人。1928年在福州省立高级中学读书时加入共青团,同年底转为中共党员。此后历任共青团福州市委组织部长、共青团福州市委书记、闽北特派员。1930年春调任共青团福建省委,7月被捕后未暴露身份,被判刑一年。出狱后,历任共青团福州中心市委组织部长、中共福州中心市委组织部长、福州市委书记、福建省委书记等职。1934年4月被捕叛变。

书记,并由特委兼建瓯县委,下辖崇安县委、政和特支、松溪特支、建阳支部和邵武党团小组。作为闽北特委书记,杨峻德着重强调了各县发展党组织的问题。

此前,闽北党的工作是极其薄弱的。以崇安县为例,"在今年二月以前,完全没有注意到发展党的组织,县委就是挂一个空招牌,县委十一人,常委三人,四乡建立四个区委,各处建立支部的非常之少"。在杨峻德和闽北特委的指导下,崇安县委召开了扩大会议,改选了县委,由徐福元任书记,并在全县建立五个区委。会议还确定了加紧发展党团组织和红军,领导开展游击战争和土地革命的任务。"自此以后,更觉略略进行些,加紧督促发展党的组织,各处建立支部比前增加好多。"①

3月,崇安县委在借鉴闽西和赣东北经验基础上,在上梅、白水两个区开展土地改革,实行分田制度,从根本上废除了几千年来封建剥削阶级赖以生存的基础。分到土地的农民,纷纷拿起武器,誓死保卫自己赖以生存的基础。在随后的两个月,以崇安为中心的闽北革命运动迅速发展,第二次崇安暴动后成立的中国工农红军第五十五团"已发展达九连,人数有一千二百以上","他们已成了推动福建全省总暴动的动力之一"②。

4月10日,中共中央致信福建省委,指示"福建全省总暴动必须与广东、江西配合,才能取得胜利的保障,才能取得发展的前途"。中央特别指出,"闽北农村斗争,应当从现在就坚决组织地方暴动,建立并扩大红军。在战术上应该发动群众反捐税抗租债斗争,建立广泛的农民协会,发展党的组织,培养群众领袖,扩大游击队"③。

在接到中央和省委的指示后,杨峻德和特委的同志立即组织闽北各县党组织负责人作了传达学习。会上,各地负责人报告了在即将到来的"红五月工作"中的计划,杨峻德一一进行了点评,并提出了有针对性的指导意见。

---

① 中央档案馆、福建省档案馆:《福建革命历史文件汇集(县) 1928年—1931年》,第246页。
② 中央档案馆、福建省档案馆:《福建革命历史文件汇集 1930年》,第159页。
③ 中共福建省建阳地委党史办、福建省建阳地区档案馆:《闽北党史文献第一集》,第198、201页,1983。

在杨峻德和闽北特委的指导下,崇安县委打响了"红五月工作"的第一枪。1930年5月1日,崇安县革命委员会在上梅召开全县群众大会,到会者5000余人,选出工农兵代表33人。随后举行代表会议,选举执委27人,后又召开执委会,选举产生闽北第一个县级苏维埃政权——崇安县苏维埃政府,左诗美当选为主席,张银英当选为副主席。县苏维埃政府下设人民、土地、军事、裁判、经济、财政、文化等7个委员会和1个秘书处。此时,崇安县苏维埃下辖上梅、下梅、白水、黄土、大南、坑口、岚谷等18个区苏维埃、200多个乡(村)苏维埃、20多万人口,开始形成了以崇安为中心的闽北革命根据地。

崇安县苏维埃政府成立后,随即颁布了《土地法》,推广了上梅、白水的分田经验,提出了"彻底没收地主土地归苏维埃,分配给地少或地弱农民耕种"的土改政策,规定:"暴动前后所有的土地,为应予分配土地的总数,由各乡土地委员会主持土地分配工作。土地分为上、中、下三等,按成年人与未成年人两种,依人口分配。如有剩余田亩,即归各乡区收存,以作公用。公用田又称红军田,村里谁参加红军,就可以得到一份红军田。小地主、富农只要不反动也可以分得一份土地。"①在开展分田运动中,杨峻德经常深入各乡村,宣传党的土地政策,巡视土地改革的工作进展。

正当闽北苏区与工农武装迅速发展之时,1930年7月,中共中央决定将闽北苏区与赣东北苏区合并,命令闽北红军与赣东北红军合编为红十军北上攻打九江,以实现"会师武汉,饮马长江"。

7月25日,福建省委特派员邱泮林到达崇安。27日,邱泮林召开了崇安县委扩大会议,传达了中央和省委的决定。"到会代表围绕中央和福建省委的决定和有关指示,展开了激烈争论。虽然大家对抽调刚刚组建的闽北红军主力红五十五团去攻打大城市,表示异议。但还是服从上级决定,通过了合并期间的工作方案和紧急措施。"②此次会议的召开,同时也宣告了闽北特委历史使命的结束。随后,杨峻德离开闽

---

① 福建省地方志编纂委员会编:《福建省志 土地管理志》,第63页,方志出版社,2000。
② 中共福建省委党史研究室:《中共福建地方史(新民主主义革命时期)上》,第378—379页,中央文献出版社,1993。

北回厦门向省委汇报工作。

对于闽北苏区的成绩,福建省委在接到共产国际1930年7月23日对中国问题决议和中央第96号紧急通告等指示后,于1931年1月21日在厦门召开的紧急常委扩大会议上作出了客观评价。会议指出:"省委从六次大会以来,在中央正确领导之下,推动了福建的革命斗争,党在政治上组织上得到相当的进步。厦门、福州、漳州等城市与漳属、泉属、莆属工作相当的建立,党在群众斗争中领导作用相当的加强,特别是闽西和闽北崇安苏区与红军的建立和扩大,这一进步在一九二九年'八一'与去年'红色五月'期间比较显著。"①

调任省委

1930年8月5日,福建省委召开了第四次全体会议,决定按照中共中央指示精神,将党团省委合并组成一个总行动委员会。罗明、谢汉秋、王海萍等11人为总行委执委,杨峻德等7人为候补执委。8月6日,福建省行动委员会成立,下设组织部、宣传部、秘书处、青年秘书处,并设组织、宣传、职工、军事、妇女5个委员会。

9月,中共六届三中全会召开,全会纠正了李立三"左"倾错误领导对中国革命形势的极左判断,停止了全国总暴动和集中全国红军进攻中心城市的计划,恢复了党、团、工原有的组织系统活动。11月,福建省总行委解散。

11月,省委常委、组织部长谢汉秋因病去世,省委决定由共青团福建省委书记王德②任组织部长。1931年1月,中共中央决定调福建省

---

① 中央档案馆、福建省档案馆:《福建革命历史文件汇集 1931年—1934年》,第29页。
② 王德(1906—1996),原名曾宗乾,福建海澄(今龙海)人。1927年2月加入中国共产党。1928年2月任共青团福建省委组织部长。1929年7月任共青团福建省委书记,1930年11月任福建省委组织部长。1931年1月任共青团中央巡视员。1938年5月任中央组织部干部科干事、地方科科长。1945年任中共雁门区委副书记兼组织部长。新中国成立后,历任广东省委常委、广州市委书记,广东省农业委员会主任,广东省政府党组副书记等职。中共七大、八大代表。

委书记罗明、组织部长王德、省委秘书长黄剑津①到党组织被破坏得比较严重的外省工作。省委决定,由王海萍代理省委书记,杨峻德任省委组织部长兼秘书长。

对于省委秘书长这个岗位,杨峻德一点也不陌生。1929年8月,为加强福州、厦门、漳州三大城市的工作,福建省委派遣罗明巡视福州及布置中东路工作②,派吴亚鲁③巡视漳州及布置中东路工作,此时的省委虽有黄钊④(书记)、谢汉秋(组织兼秘书)和王海萍(军委兼宣传)三个常委留守,但是王海萍生病尚未痊愈,因此整个省委只有"两个半"人在工作。考虑到黄钊才到福建省委工作不久,所以省委从提拔干部和健全省委秘书处的角度出发,调福州市委书记杨峻德到省委担任秘书长,兼管各支部工作。

由于杨峻德长期在市县工作,"和省委接近很少,始终没有知道全省情形"⑤。因此来省委担任秘书长后,他一边尽快熟悉全省的工作情况,另一边虚心向其他同志请教。

1929年10月,中共中央在给江苏省委和顺直省委的指示信中,就两省委秘书处的工作进行了点评,并指出了其中存在的一些问题。随后,中央秘书处结合自身工作,制定了《中共中央秘书处过去的缺点和最近的工作计划》《中央秘书处工作报告大纲》,进一步明确了党的秘书

---

① 黄剑津(?—1933),湖南长沙人。1929年到厦门担任中学教师,1930年春任济难会中共党团书记,同年7月起任福建省委副秘书长、秘书长。1931年1月调往上海工作,1932年5月任中国济难总会援救部长,1933年牺牲于山西。

② 1929年7月,张学良以武力强行收回当时为苏联掌握的中东铁路部分管理权,引发东北军和苏军军事冲突,后以东北军战败、签订《伯力议定书》告终。在此事件中,受共产国际影响,中共中央提出了"拥护苏联,反对帝国主义国民党进攻苏联"等口号,并号召组织全国范围的总暴动,造成了一系列不良后果。

③ 吴亚鲁(1898—1939),学名吴肃,字亚鲁,江苏如东人。1922年加入中国共产主义青年团,后为共青团南京市委负责人,同年加入中国共产党。1925年6月建立中共徐州支部,任书记。1928年3月后,历任中共厦门市委书记,中共福建临时省委候补常委、常委、秘书长等职。1930年底调任中共山东省委秘书长、宣传部长等职。1939年6月在国民党制造的平江惨案中牺牲。

④ 黄钊,生卒年不详,曾为香港码头工人,1927年任中共广东省委委员,1928年9月至1929年4月任中共广东省委书记。1929年7月任中共福建省委书记,1930年1月离开福建去香港,后脱离党组织。

⑤ 中央档案馆、福建省档案馆:《福建革命历史文件汇集 1929年(下)》,第233页。

工作的职责与定位,对各省委秘书处的工作给予了有力指导。

通过学习中央关于秘书工作的指示,杨峻德认识到,秘书处是省委一切日常工作的枢纽,其主要任务是处理省委日常工作。秘书处工作的强弱,是整个省委工作强弱的前提,因此秘书处的工作不仅是业务工作,而且具有重要的政治意义。

作为省委秘书长,杨峻德的主要职责是处理省委日常文件、召集省委的各种会议并做好记录、督促执行省委及常委会决议、按照预算分配经费、分配指导秘书处各科工作及接洽外地来人等。

杨峻德担任省委秘书长时,正是省委工作忙得不可开交的时候。当时正值中东路事件爆发没多久,为贯彻中共中央关于处理中东路事件的指示,省委召开了一次谈话会和常委会,提出了利用中东路事件扩大宣传的工作计划,并制定了详细的宣传大纲下发给全省各党部,省委还指导厦门区委组织反帝大同盟,并亲自参与游行示威。此外,省委利用"九一"国际青年日等重要节日和反对军阀攻打闽西等重要事件,布置了各种游行示威活动。

由于工作实在繁忙,考虑到办公会只需三个人便可以召开,省委于是将常委会改为办公会,每两日开一次,每次两小时,在会上解决一些常规问题。常委会则每周召开一次,全体常委和共青团省委书记参加,以解决政治、职工等全省性的问题。作为省委秘书长,无论是办公会还是常委会,从确定议题、召集会议到会议记录、文件制定再到督促检查,中间的每一个环节,杨峻德都做得井井有条、一丝不苟,确保了省委机关在繁重的工作任务中高效、安全运转。

杨峻德特别注意安全问题。在国民党的白色恐怖之下,保证安全是省委机关能生存下去的前提。然而此前,福建省委机关的秘密工作还存在许多薄弱环节,以至于中共中央在1928年10月致福建省委指示信中直接批评道:"福建的秘密工作非常之不好,过去因为白色恐怖不十分严重故没有大的破坏,但此次鼓浪屿、石码、漳州等处的破坏已经是党的很大教训了,因此党以后必须十分注意秘密工作,但绝不是要党的机关逃开城市的意思,而是要在群众中严密秘密工作。"

在这封指示信中,中共中央还明确要求"为秘密工作及预防破坏起见,党各级干部都需准备候补人"①。然而福建省委在1929年5月召开省委全会时,直接将省委候补委员递补为省委委员且没有再选出候补委员。省委在向中央报告省委全会情况时解释道:"不设候补委员在目前环境中,与秘密工作无妨碍,同志全体会通过再提拔两人参加省委以足十人之数。"②

此后,福建省委也认识到了自身秘密工作的薄弱性。福建代表陈某在与中央的谈话中提及秘密工作时说:"同志均不甚注意。"③此外,省委在1929年8月给中央的报告中也提道:"以前的秘密工作太不注意,理应加紧注意,这个问题是很严重的。""所以对于机关的关系和人的分配,亦有详细的讨论"④。

杨峻德担任省委秘书长后,对秘书处的岗位职责进行了划分,并尽可能在经费充足的情况下,使各科的办公地点保持一定距离,但又不至于太远而影响工作。对于个别同志身上表现出来的自由散漫现象,他语重心长又不失威严地训导,帮助该同志认识到自身行为的危险性,提高工作的积极性。

考虑到秘书处工作的政治性和科学性,作为省委机关直属支部的负责人,杨峻德还十分注重支部建设,提高支部的凝聚力。对于个别同志"政治问题由常委负责,技术问题才是秘书处的工作"的错误认识,杨峻德组织大家一起学习中央和省委的文件,学习理论文章,过好组织生活,提升了大家的政治意识,有效避免了工作中的事务主义。在他的领导下,省委秘书处的同志们不断提振自觉学习和自觉工作的精神,努力承担起"为无产阶级利益奋斗"的工作责任。

1930年2月15日至20日,在福建各路军阀加紧备战、四处戒严的情况下,中共福建省第二次代表大会在厦门鼓浪屿内厝沃449号曾

---

① 中共福建省建阳地委党史办、福建省建阳地区档案馆:《闽北党史文献》第一集,第81页,1983。
② 中央档案馆、福建省档案馆:《福建革命历史文件汇集 1929年(上)》,第230页。
③ 中央档案馆、福建省档案馆:《福建革命历史文件汇集 1929年(上)》,第155页。
④ 中央档案馆、福建省档案馆:《福建革命历史文件汇集 1929年(下)》,第101页。

中共福建省第二次代表大会鼓浪屿曾家园会址

家园召开。为了此次大会能顺利召开,杨峻德和省委的同志们已经准备了两个多月。从向中央请示开会时间,到确定会议议题、代表人选,再到准备会议草案、材料印刷,乃至代表们的来往交通,开会期间的饮食住宿、安全保卫等,每一个环节都容不得半点马虎。

在大会召开前的1月23日,中共中央巡视员恽代英到福建巡视并指导工作,对于他的到来,杨峻德和省委的同志们都非常兴奋。恽代英到后,帮助省委的同志一起起草大会草案和决议案,并出席了本次会议。恽代英高超的理论水平、务实的工作作风给大家留下了深刻印象。大会圆满结束后,省委向中央报告了会议经过、会议决议及选举结果。

对于福建党的工作及省委各同志,恽代英在刚到厦门后不久,便向中央作了十分中肯的汇报:"省委自钊①走后,罗②任书记,以患耳病入医院。谢由闽西回,虽月余,亦奔走劳瘁,有些病,故工作上颇受影响。惟近来罗、谢均可工作。谢并兼厦门工代事,颇积极。秘书处亦加一比较得力的同志③,各部组织亦渐次建立起来。省委同志均甚努力,惟工作方法较少,故以前讨论尚嫌不甚具体切实,近来已比较进步。"言辞之中,体现了对福建同志的充分认可。

大会结束后,省委执委杨峻德到闽北巡视并组建闽北特委,任闽北特委书记。

---

①②③ "钊"即黄钊,"罗"即罗明,"谢"即谢汉秋,秘书处"得力的同志"即杨峻德。

杨峻德再次回到省委工作,已是11个月后。1931年1月,鉴于省委书记罗明、省委组织部长王德、省委秘书长黄剑津已调离福建,省委决定由王海萍代理省委书记,杨峻德任省委组织部长兼秘书长。

此时的福建省委机关,已从厦门市区的中山公园北门搬到了鼓浪屿。1930年6月,省委的同志发现原省委机关驻地的同一栋楼里住了可疑的人,此人30多岁,穿戴不凡,看着就不像等闲之辈。于是对他展开调查,原来此人是厦门公安局的侦探长。

鼓浪屿中共福建省委机关旧址

于是,刚从闽西调到省委工作的曾志便被派到鼓浪屿去寻找适合隐蔽的房子。在多次实地考察之后,曾志选择了位于虎巷8号①的一栋双层砖木结构、中西混合式建筑。房子建于1920年,为南洋华侨私宅,里面住有老母亲和儿子儿媳三人,社会关系比较简单。据曾志回忆:

---

① 据《中共厦门地方史》第136页和《龙岩文史资料》第17辑第20页,该处原称眼镜脚,实为岩仔脚。

> 那时,省委驻地,也是省委主要负责人的住所。设在厦门鼓浪屿一个陡坡上的胡同里,有五六间房子。原来我也住在那里,房主是用我的名义。那时,我们以医生名义开业,做秘密工作,还雇佣当地一个普通群众,帮助做饭,打扫卫生,起掩护作用。后来,因蔡协民同志负责军委工作,我们就从那里搬出来了。①

曾志所说的那个普通群众,其实是省委为了迷惑外人,从闽西调来的一位名叫郭香玉的女同志。为了扮演得更真实一些,她还把自己的儿子带来了,一个名叫黄业章的小伙子,才十六七岁,担任省委的交通员。省委刚搬到这里时,住在这里的还有省委书记罗明及夫人谢小梅(交通员)、组织部长谢汉秋、宣传部长王海萍及夫人梁惠贞(政治交通员)和刻写钢板的梁云屏(梁惠贞弟弟)、高大安等人。

杨峻德到省委工作时,王海萍代理省委书记,宣传部长则是老马(李国珍②),军委书记蔡协民与军委秘书曾志则租住在福州路127号。

再次回到省委工作,杨峻德感到其他工作大都能够应对自如,唯有工作经费问题困难最大。当时,从中共中央到地方各级党组织,经费问题始终困扰着每一位负责此项工作的同志。省委每月的费用,除了房租、生活费、宣传费、交通费、津贴费(主要是针对被捕、牺牲的同志家属)外,一遇到召开重大会议、举办培训班或营救被捕同志,经费就格外紧张。

省委机关的干部,除个别人外,绝大多数都没有全职工作,省委日常的花销,除了收缴的党费外,大部分都需要中央补贴,一旦中央经费困难或交通出现问题,就只能靠自己想办法。

为了筹集经费,杨峻德可谓绞尽了脑汁。他先是代表省委向中共中央报告情况,希望中央尽快汇款或通过交通送款,接着又给根据地建设比较好的闽西特委去信请他们支援。同时还积极向部分同情支

---

① 曾昭铎、黄坤胜主编:《厦门革命回忆录》,第149页,厦门大学出版社,1992。
② 李国珍(1903—1931),广东海丰人。1925年加入中国共产党,任中共海陆丰特别支部委员。1927年任中共陆丰县委书记,后参加八一南昌起义。1930年8月任福建省委常委、宣传部长。1931年3月25日被捕,5月1日牺牲。

持革命工作的人士借款,虽然要付一些利息,但在革命处于低潮的时期,这种支持已经是难能可贵了,因此大家都表示理解。

杨峻德还加大了对全省党员的党费收缴力度,明确要求各位党员必须严格按照规定,按期缴纳党费。省委强调:"党是党员的集体,不是党员以外的东西,所以党的经济应由党员来维持。党员交纳党费的办法,便是要党员切实认清党不是党员以外的东西,同时是实行供给党的经济,维系党的生命。"①

尽管省委的同志为筹集工作经费想了不少办法,但依然很难从根本上解决经费不足的问题,而这样的窘迫状况贯穿于整个白区斗争的全过程。对于广大战斗在白区的共产党人而言,这是一段刻骨铭心的经历。曾经与杨峻德一起在福建省委机关工作的王德后来回忆:

> 从我参加革命来说,是1928年春夏最困难,工作困难,生活也困难,吃的是一天三餐地瓜稀粥,每顿只买一个铜板儿的豆豉或小鱼虾下稀粥,是在人力车工人吃饭的地方吃的,花钱还比他们少,因钱不多不敢多吃。这种情况有时一天只能吃两顿,偶尔也有整天没有吃的。
>
> 生活在半饥饿状态中的时间虽不很长,主要是1928年春夏两季,但其余的岁月虽好些,也是很不好过,地下党的日子是不好熬的。②

---

① 中央档案馆、福建省档案馆:《福建革命历史文件汇集 1929年(下)》,第372页。
② 曾昭铎、黄坤胜主编:《厦门革命回忆录》,第67页,厦门大学出版社,1992。

第五章
热血忠魂

身陷囹圄

1931年2月底,中共福建省委第二届委员会第五次全体扩大会议在厦门召开。会议"重新检查全省一年来的工作和讨论关于政治,职工,农运,兵运,组织以及准备召集第三次全省代表大会等问题"[1]。

就在杨峻德和省委的同志们紧锣密鼓地准备省党代会的相关工作时,危险已悄然而至。3月25日下午2时,数十位国民党警特人员分头包围了省委秘书处和省委宣传部(公山路N字249号)。

---

[1] 中央档案馆、福建省档案馆:《福建革命历史文件汇集 1931年—1934年》,第117页。

在省委秘书处,警察逮捕了小范(即范巨延,又作范纪元,被捕后自称高大安)、梁惠贞(即老梁,被捕后自称李爱珠)、郭香玉(即"佣人",人称六嫂,被捕后自称郭六姑)。在省委宣传部,警察逮捕了代理宣传部长老马(即李国珍,被捕后自称李人发)和谢桂香(被捕后自称黄秀花)。警察还在宣传部搜走了证物4箱,在省委秘书处搜走了证物6箱,钞票396元,并且查封了两处房子。据当时在省委宣传部工作的梁云屏(即小梁,被捕后自称李向生)后来回忆:

> 敌人破坏宣传处时,我不在家,不知道发生了事情。回到巷口,有人向我摇手,示意我不要回来。但埋伏在那里的敌人已发现了我,我便被抓去了。①

当天下午,就在国民党警特人员围捕省委机关的时候,代理省委书记王海萍和秘书处的施同志下午1时过厦门,3时回到机关门口,幸亏得到邻居通知,才得以避免遇难。省委组织部长兼秘书长杨峻德当天早上8时过厦门参加市委会议,12时散会后,在厦门市区被捕。一起被捕的还有厦门市委常委郑裕德。

王海萍　　　　　　梁惠贞

---

① 《梁云屏谈"三·二五"事件及梁惠贞烈士》,《厦门党史通讯》1984年第1期。

省委机关被破获后,代理书记王海萍在当天下午5时写给中央并转罗明的信中写道:

> 这是很悲痛的事件,亦是很大的损失。……
>
> 罗明同志!想你接到这一不幸的消息以后,必然是悲痛万分。……一批的忠实的同伴如此离开了,在艰苦工作过程中,不能再见他们了,明兄我哭了!
>
> 自然我绝不怕困难的,不因此悲痛消极,只有再接再厉地前进,为同伴们算个总账。①

王海萍的信,字里行间无不流露出对于革命同志被捕的悲痛之情。关于杨峻德、李国珍等8位同志被捕的原因,他在信中推测是因为老马有次出入机关时被敌人探悉所致。3月27日,王海萍又在以省委名义写给中央的报告中加上了叛徒告密一条,并认为前者的可能性比较大。4月13日,蔡协民在给中央的报告中,则认为省委秘书处被破获是龙岩籍叛徒张一夫告密所致,而宣传部被破获则是因为老马被跟踪。

据时任共青团福建省委组织部长的翁进煌后来回忆,当时确有一名来自龙岩的叛徒名叫张一夫,开元路鼎丰号被破坏便源于其告密。然而党组织派去的人在处决他时失手,以致其报案。国民党厦门公安局于是顺藤摸瓜,最终诱使当时参与处决工作的倪六姑叛变。

倪六姑虽不知省委机关的具体位置,但其在长期工作中也接触过鼓浪屿的一些共产党员。据江声报社里的党员同志事后回忆,倪六姑曾说,她在之前派送报纸时,发现岩仔脚的一栋小楼里只有一位裹脚的龙岩妇女②。事实上这位裹脚的龙岩妇女就是被捕的"郭六姑",而那个小楼也的确是省委机关。虽然倪六姑只是怀疑,但鼓浪屿只有1.8

---

① 中央档案馆、福建省档案馆:《福建革命历史文件汇集 1931年—1934年》,第134页。
② 中国人民政治协商会议福建省龙岩市委员会文史资料委员会编:《龙岩文史资料》第17辑,第16—22页,1989。

平方公里，厦门公安局既已找到蛛丝马迹，自然不会善罢甘休。

对于此次行动，国民党福建省政府在呈南京行政院报告中也有记载。1930年5月25日厦门劫狱事件后，厦门公安局局长林焕章因此下台。6月20日，张锡杰任厦门公安局局长。"局长到任之初，既承共党劫狱之后，又值闽省'剿共'期间，后方防务紧要，自应遵照钧府迭次密令，教督新属防范侦缉，无敢稍懈，至购线（人）探查，尤不惜重费。"①

据资料记载，张锡杰自接任局长后，改编队伍，招募警员，增设派出所和岗亭，短短一年，"全局长警等人数共达1114人"②。在这种形势下，福建省委先是组织攻打厦门盐关惨遭失败，后又被厦门公安局陆续破坏了开元路鼎丰号、棺材巷济活医院等党的活动据点和西安宫厦门市委机关，白文庆、许当良等一批优秀干部被捕牺牲。

根据这些案件，国民党厦门市公安局推测中共福建省委机关设立在厦门鼓浪屿。然而由于党的地下工作者行事谨慎隐秘，且能够严守党的秘密，即使被捕，"无论如何严鞫亦不肯供出余党及领袖姓名，破获极感困难，百计筹思，唯有传谕侦探，悬以重赏，并宽以长时间之侦察，果得共党省委人物之行踪并悉其机关，一在鼓浪屿公山路N字249号，一在鼓浪屿眼镜脚C字52号"③。

由于英国人在鼓浪屿上设立了工部局和会审公堂，办理地方行政和司法事宜，所以此地并非国民党厦门市公安局管辖范围。张锡杰认为后续的引渡工作十分周折，担心共产党的领袖人物逃匿，"于3月25日在厦先将重要人犯杨子实即杨适，并其余党郑姓即自称孙少棠，所先行拘捕，并在杨子实身内搜出反动小册一本，同时并领员警数十人驰往，会同会审公堂分道搜捕"④。随后福建省委机关即被破坏，李国珍等人被捕。

---

① 参见《伪厦门市公安局破获鼓浪屿共产党省委机关经过情形(1931年3—5月)》。
② 中国人民政治协商会议福建省厦门市委员会文史资料研究委员会编：《厦门文史资料》第11辑，第50页，1986。
③ 参见《伪厦门市公安局破获鼓浪屿共产党省委机关经过情形(1931年3—5月)》。
④ 参见《伪厦门市公安局破获鼓浪屿共产党省委机关经过情形(1931年3—5月)》。

实际上，福建省委也意识到了现有的地点已不再安全，因此先搬迁了省委宣传部。省委秘书处机关原本也是要搬迁的，房子已经找好，但是因经济问题，正在等中央的汇款。就在24号，即省委机关被破坏的前一天，汇款到达。"房子正要搬，不料竟于第二天遭破获。"①

狱中斗争

国民党厦门公安局逮捕了杨峻德、李国珍等8位同志后，随即关入了厦门市公安局拘留所。对于杨峻德和所有在隐蔽战线开展工作的同志而言，对于被捕，他们始终有着足够的心理准备，同时也早已准备好了被捕后的应对之策，包括面对死亡。因此在被捕之初，当审讯人员问及杨峻德的个人情况时，他便沉着冷静地作了应答：

> 杨适，延平人，年29岁，北京中国大学毕业（住址不肯供答）。我前在x法院x学校都干过了，近数年来，赋闲无事，奔走南京、上海等地处，谋事一无所成。最近来厦，亦以谋事为自己。寄住朋友家，该小册乃是本日在公园拾得的，内载事件作我犯罪证据，那么听凭如何处决均愿承受，缘一人在外，办事难免有挟嫌认籍势证陷，现既至此，无我说话地步，惟朋友及家庭住址，我绝对不肯说明的，（以）致株连。②

警察自然知道这些话不可轻信，便动用了各种手段，然而杨峻德始终坚持自己的说法，他们也没有得到多少有价值的信息。一起被捕的郑裕德则自称是孙少棠，南靖人，25岁。父亲在南洋谋生，近日收到父亲来信，说25日可能回到厦门，让他来厦门查询有无南洋船只进港，

---

① 中央档案馆、福建省档案馆：《福建革命历史文件汇集 1931年—1934年》，第135页。
② 参见《伪厦门市公安局破获鼓浪屿共产党省委机关经过情形(1931年3—5月)》。

不知为何被捉拿至此。孙少棠的供述也没有明确的信息。郭六姑坚称自己只是个仆妇，平时洗衣做饭，并不知道楼里发生的其他事情，即使被警察打掉了牙齿，她也没有吐露任何信息。其他同志也都按照以前准备好的说辞予以回答。

事实上，除了杨峻德和郑裕德，其他六位同志都是被围堵在了秘书处和宣传部，国民党军警还从两个机关搜到了大量的文件、党员名册和油印机等物品，更糟糕的是，在3月18日被捕的林树根（被捕后自称郭福）正是因为党员名册而暴露了身份①。

在各种因素影响下，杨峻德等同志的真实身份暴露了。张锡杰惊喜若狂，自认为逮到了一条"大鱼"，于是便软硬兼施，想从他口中获得更多有价值的信息。

诡计多端的张锡杰先是聊起了信仰，并特意提到杨峻德毕业于中国大学，必定抱着一颗为国为民的雄心壮志。而今北伐结束，蒋介石统一了中国，如果愿意信仰三民主义，日后必定能够报效国家。

杨峻德知道自己的真实身份暴露以后，便不再隐瞒自己的立场。既然张锡杰谈信仰，他便不客气地说："近鉴我国政治不良，失业人多数，决（定）加入共产党，领导贫民作共产奋斗。"张锡杰又让他说出福建党的组织和党员名单，杨峻德冷冷地回答："机关组织秘密，同是党员，非有秘密关系，均不能认识。我既被捕，有（罪）尽我一人承担！"张锡杰气急败坏，对杨峻德施以酷刑，并拿死亡来威胁。他正义凛然地说："（你们）任意屠杀也杀不了！既［继］我而起者尚复大有其人！现我应如何处决，请从速就是。"②

张锡杰和他手下那帮爪牙见从杨峻德的口中得不到任何有用的信息，便决定将此案尽快移交漳厦海军警备司令部审判，毕竟破获共产党在福建的最高机关，在他看来已经是天大的功劳了。

4月29日，漳厦海军警备司令部依照所谓的危害民国紧急治罪法

---

① 曾昭铎、黄坤胜主编：《厦门革命回忆录》，第91页，厦门大学出版社，1992。
② 参见《伪厦门市公安局破获鼓浪屿共产党省委机关经过情形（1931年3—5月）》。

判处首犯杨峻德、李国珍、梁惠贞、林树根死刑,从犯梁云屏、范巨延有期徒刑六年,郭香玉、郑裕德、黄秀花讯无证据宣告无罪。

5月13日,国民党福建省政府主席杨树庄密呈南京行政院,报告破获中共福建省委机关及审判情况。在此之前的5月1日凌晨,反复无常的敌人就迫不及待地杀害了李国珍、梁惠贞、林树根、郑裕德(此前已宣告无罪)四位同志。此时的梁惠贞,已经有了身孕。

5月23日,在经过了千里颠簸之后,杨峻德被押送至南京,牺牲于中华门外的雨花台。

罗明曾在给中共中央的信中这样评价杨峻德:"长于农运,可以写文章,对党忠实。"在中国共产党开辟以农村包围城市、武装夺取政权的革命道路上,这寥寥数语无疑是对一位革命同志的极高评价。

杨峻德烈士遗像

尾 声

1927年10月,就在杨峻德告别家人的三个月后,他的儿子杨宏农呱呱坠地。初为人母的范钦章无比欢欣,她多么渴望丈夫能够回到自己和儿子的身边,一起享受天伦之乐。然而多少年过去了,始终没有杨峻德的确切消息。

1979年,国民党南京中央军人监狱档案开始解密,人们才得知1931年5月23日在雨花台被国民党反动派杀害的杨适就是杨峻德。1983年9月,民政部为杨峻德颁发了革命烈士证明书。此时,距离他离开家中投身革命,已经过去了50多年。50多年间,范钦章这个勤劳善良的女性,用自己瘦弱的肩膀,担负起了把儿子杨宏农抚养成人的重任。

1949年9月,建瓯解放前夕,范钦章鼓励儿子参军入伍。此时的杨宏农已经结婚,妻子也即将分娩,对于入伍,他多少心存顾虑,这倒不是因为贪生怕死,而是他知道,这么多年,母亲一个人操持家业,实在是太辛苦了。得知儿子的担忧后,范钦章说:"现在全国马上要解放了,怕

什么?以前那样困难都挺过来了,天下是我们穷人的,你尽可去部队,好好学习,像父亲一样为党为国尽忠。"①

听了母亲的话后,杨宏农(参军后改名为杨洪义)背上了行囊,从此成了一名光荣的解放军战士。他先后参加了福建解放战争、剿匪反霸斗争和抗美援朝战争,为新中国的建立和国防建设作出了贡献。

杨峻德独子杨洪义的入伍证书

党和人民没有忘记杨峻德烈士的伟大功绩。

1931年8月1日,中共厦门中心市委印刷了纪念专刊,沉痛悼念杨适(杨峻德)、李国珍、郑裕德、杨树根、梁惠贞烈士,市委书记王海萍撰文歌颂了烈士们的英勇事迹。

杨峻德的革命烈士证明(易向农供图)

---

① 易向农:《血脉——峻节德民·杨峻德》,第200、201页,海峡文艺出版社,2019。

新中国成立后,在杨峻德的家乡和曾经战斗过的地方,到处都在传颂着这位闽北第一个党组织创建者、闽北革命根据地领导者的丰功伟绩。

南京雨花台是杨峻德烈士的牺牲地。新中国成立后,为了缅怀数千名在这里牺牲的先烈,党和政府在这里修建了"南京雨花台烈士纪念馆",邓小平亲笔题写馆名。杨峻德等170余位雨花英烈们的英雄事迹被作为重要展陈内容,供人们瞻仰和怀念;杨峻德等数千名雨花英烈用生命与热血铸就的雨花英烈精神,也将融入9500多万共产党员的血脉,化作永葆初心、接续奋斗的基因。

主要参考资料

一、文史档案资料汇编

1. 建瓯县公安局敌伪人员档案.立卷档号244.朱炳自书摘录.1985
2. 潘作民关于大革命前后建瓯革命活动的谈话记录.1961
3. 葛越溪关于杨峻德的回忆材料.1985
4. 黄国华关于杨峻德的谈话记录.1985
5. 伪厦门市公安局破获鼓浪屿共产党省委机关经过情形(1931年3—5月)
6. 璩鑫圭,唐良炎编.中国近代教育史资料汇编 学制演变.上海教育出版社,2007
7. 杨学为等主编.中国考试制度史资料选编.黄山书社,1992
8. 王学珍,张万仓编.北京高等教育文献资料选编(1861—1948).2004
9. 中国大学庶务科.北京中国大学概览.1922
10. 北京中国大学.北京中国大学十周年纪念册.1923

11. 北京中国大学.中国大学甲子毕业同学录.1924

12. 北平中国大学.北平中国大学十六周年纪念.1929

13. 中央档案馆,福建省档案馆.福建革命历史文件汇集 1923年—1926年.1983

14. 中央档案馆,福建省档案馆.福建革命历史文件汇集 1927年—1928年(上).1983

15. 中央档案馆,福建省档案馆.福建革命历史文件汇集 1928年(下).1984

16. 中央档案馆,福建省档案馆.福建革命历史文件汇集 1929年(下).1984

17. 中央档案馆,福建省档案馆.福建革命历史文件汇集 1930年.1984

18. 中央档案馆,福建省档案馆.福建革命历史文件汇集 1931年—1934年.1984

19. 中央档案馆,福建省档案馆.福建革命历史文件汇集(福州)1927年—1932年.1984

20. 中央档案馆,福建省档案馆.福建革命历史文件汇集(厦门)1929年—1932年(上).1984

21. 中央档案馆,福建省档案馆.福建革命历史文件汇集(县)1928年—1931年.1985

22. 中央档案馆,福建省档案馆.福建革命历史文件汇集(群团)1928年—1934年.1985

23. 中央档案馆,福建省档案馆.福建革命历史文件汇集 1923—1934年(补遗).1987

24. 福建省总工会工运史研究室,福建省档案馆.福建工运史料汇编.1983

25. 中央档案馆.闽粤赣革命历史文件汇集(1930—1931).1984

26. 中共福建省建阳地委党史办,福建省建阳地区档案馆.闽北党史文献.第一集.1983

27. 中央档案馆.中共文书档案工作文件选编.档案出版社,1991

二、文史著作

1. 中国中共党史人物研究会编.中共党史人物传.第32卷.中国人民大学出版社,2017
2. 逄立左主编.中共福建省委党史研究室编.福建英烈传略.上下册.福建教育出版社,2015
3. 中共福州市委宣传部,福州市社会科学所主编.福州历史人物.第八辑.1994
4. 易向农.血脉:峻节德民·杨峻德.海峡文艺出版社,2019
5. 蔡振坚等.建瓯县志.成文出版社,1967
6. 潘渭水,黄芝生主编.建瓯县地方志编纂委员会编.建瓯县志.中华书局,1994
7. 建瓯市吉阳镇志编纂委员会编.吉阳镇志.1999
8. 福建省教育史志编写办公室,福建省教育科学研究所史志研究室编.福建省教育史志资料集.第9辑.1992
9. 福建省地方志编纂委员会编.福建省志·教育志.1998
10. 福建省地方志编纂委员会编.福建省志·政府志.2002
11. 陈学恂主编.中国近代教育史教学参考资料.1986
12. 舒新城编.中国近代教育史资料.人民教育出版社,1981
13. 福建私立光复中学编.福建辛亥光复史料.建国出版社,1940
14. 刘海峰,庄明水.福建教育史.1996
15. 涂怀京主编.闽北教育史探论.2012
16. 陈遵沂,黄保万,曹敏华编著.福建思想文化史纲.1996
17. 黄华潮.福建省建瓯第一中学学校文化读本(1906—2006).海潮摄影艺术出版社,2006
18. 谭汝为编著.人名春秋·姓名文化古今谈.商务印书馆,2016
19. 唐文基主编.福建史论探:纪念朱维幹教授论文集.福建人民出版社,1992
20. 王奎正等.预科教育培养模式研究.汕头大学出版社,2018

21. 李秉谦编著.一百年的人文背影:中国私立大学史鉴.第2卷.陕西师范大学出版总社,2016

22. 中国大学出版部编辑.中国大学学术讲演集(第一集).中国大学出版部,1923

23. 中国大学出版部编辑.中国大学学术讲演集(第二集).中国大学出版部,1926

24. 陈瑜.中国大学研究(1912—1949).北京大学硕士研究生学位论文

25. 20世纪20年代的上海大学.上海大学出版社,2014

26. 李乃民主编.中国舌诊大全.1994

27. 胡春焕,白鹤群.北京的会馆.1994

28. 中共福建省委党史研究室.中共福建地方史(新民主主义时期上).中央文献出版社,1993

29. 中国人民政治协商会议福建省文史资料委员会编.文史资料选编.第4卷.政治军事编.第5册.2006

30. 中国人民政治协商会议福建省建瓯县委员会文史资料工作组.建瓯文史资料.第1,3—5,7—9,13,15—16,19辑.1981—1994

31. 中国人民政治协商会议福建省崇安县委员会文史资料编辑室.崇安县文史资料.第6辑.1986

32. 中国人民政治协商会议福建省龙岩市委员会文史资料委员会.龙岩文史资料.第17辑.1989

33. 中国人民政治协商会议厦门市鼓浪屿区委员会.鼓浪屿文史资料.第2辑.1997

34. 邵式平等.闽浙皖赣(赣东北)党史.1945

35. 南平地委党史办编.闽北党史回忆集.第一辑.1959

36. 中共南平市委党史研究室,南平市档案局.中共闽北党史大事记(1921—2000).2001

37. 南平市革命老根据地建设委员会,南平市老区建设促进会编.闽北革命老区.海潮摄影艺术出版社,2001

38. 闽浙赣党史领导小组办公室编.闽浙赣党史学术讨论会论文

资料汇编.1988

39. 吴其乐主编.闽北党史研究文论选.1993

40. 中共建瓯县委组织部等编.建瓯县组织史资料(1926年7月—1987年12月).1992

41. 南平市地方志编纂委员会编.南平地区志.第3册.2004

42. 吴士英主编.中国近代史通鉴(五四运动与国民革命).红旗出版社,1997

43. 中共福州市委组织部编.中国共产党福建省福州市组织史资料(1926年4月—1987年12月).1997

44. 中共福州市委党史研究室编.福州革命史大事记(1919.5—1949.8).中国海风出版社,1994

45. 中共福州市委党史研究室.福州革命史.中央文献出版社,1999

46. 石建国主编.中国共产党福州地方组织志.中国大百科全书出版社,1998

47. 中共厦门市委党史研究室.中共厦门地方史.1999

48. 中共厦门市委党史研究室主编.厦门革命历史文献资料选编.第3集(1929年7月—1931年6月).1988

49. 赵克明主编.厦门党史画册(新民主主义革命时期).1991

50. 中共厦门市委宣传部编.厦门地下火.第一辑.1985

51. 厦门市地方志编纂委员会编.厦门市志.第5册.2004

52. 鼓浪屿申报世界文化遗产系列丛书编委会.鼓浪屿文史资料(下).2010

53. 杨剑宇.中国秘书史.上海人民出版社,2018

54. 王胜三,浦善新主编.方舆行政区划与地名1601.中国社会出版社,2016

55. 罗明.罗明回忆录.福建人民出版社,1991

56. 曾志.一个革命的幸存者:曾志回忆录.四川人民出版社,2020

57. 曾昭铎,黄坤胜主编.厦门革命回忆录.厦门大学出版社,1992

后 记

2014年12月,习近平总书记在江苏考察时指出:"在雨花台留下姓名的烈士就有1519名。他们的事迹展示了共产党人的崇高理想信念、高尚道德情操、为民牺牲的大无畏精神。要注意用好用活丰富的党史资源,使之成为激励人民不断开拓前进的强大精神力量。"为了贯彻落实习总书记考察江苏讲话精神,铭记革命先烈,弘扬革命精神,服务社会主义核心价值观建设,促进文化建设迈上新台阶,根据江苏省委宣传部的统一安排,由江苏省委党史工作办公室、南京市委宣传部、南京市委党史工作办公室和南京雨花台烈士陵园管理局等单位联合编纂《雨花台烈士传丛书》。《杨峻德传》是其中之一。

杨峻德烈士是闽北第一个党组织——中共建瓯支部的主要创建者,为闽北革命事业发展作出了开拓性的贡献。在那个血雨腥风的年代,杨峻德深处国民党统治最黑暗的地区之一,他除了在闽北组建特委、在省委分管组织工作,更是两次担任福州市委书记和福建省委秘书长。这种独特的工作经历,既是他工作经验丰富、能力突出的真实写照,更是他忠于党、忠于信仰的最好注解。他的一生虽然短暂,却如夜空中划过的流星,照亮了整个八闽大地,为万千人民带来了希望。

为这样一位革命先烈写传记,是笔者的荣幸。然而当初承担传记的写作任务时,也曾犹豫过。地下工作者,本身就已经决定了烈士留存的资料不会多,家乡和主要的活动地都在千里之外的福建,再加上一些客观因素限制,写作的信心多少都会动摇。

随着收集的资料逐渐增多,笔者越发认为,这位早已逝去的革命先辈,其实就是一代代年轻人心中的英雄。幼时刻苦学习,稍长怀揣梦想远赴他乡,为了改造社会而拼搏,最终献出了宝贵生命。认识到这一点,写作就变得顺利起来,因为它从此再也不单单是一项任务。

为了写好烈士传记,笔者先后认真查阅了目前能找得到的所有关于杨峻德烈士的各种传记、回忆文章、工作期间的相关文件等,特别是找到了烈士读大学时创办的《建声》半月刊和其他学习资料,为丰富其人生经历提供了扎实的史料依据。

在写作过程中,笔者特别注重对收集到的史料进行多方印证。特别是一些回忆性文章,由于时间久远,很多文章史实存在一些偏差,再加上受原作者本身的立场和感情色彩影响,其观点亦往往有失偏颇。对此,笔者并不会直接取舍,而是扩大搜索资料的范围,从当时福建省乃至全国党的工作角度出发,就一些问题进行考证。比如关于烈士的入党时间问题,目前所有的资料一致认为是1926年7月,但笔者通过查阅数位直接当事人的回忆材料,反复印证,并充分考虑当时的季节、交通等客观条件,认为更可能是1926年12月。类似的情况还有几处,笔者也都尽最大可能予以考证。

必须承认,这种考证极费时间。所幸在信息化飞速发展的今天,只要肯下功夫,似乎总能有些许收获,于是笔者往往沉浸其中难以自拔,在腰酸背痛的同时,也收获了挖掘史料宝藏的喜悦。需要说明的是,这么多的时间,主要得益于家人的理解和支持,是他们的辛苦付出,让笔者可以经常"宅"在家里写作。

在写作过程中,杨峻德烈士孙子杨金茂先生、福建省委党史研究室易向农处长、南京市雨花台烈士纪念馆胡卓然老师、上海大学郭坤平博士、南京工业职业技术大学张莉处长为笔者提供了宝贵的资料。江苏省委党史工作办公室邢光龙主任、万建清副主任、杨中华副主任对本书的写作予以关心和指导,田艳丽处长、华晓琦处长、姚江婴副处长、侍晓莎副处长为笔者提供了热心帮助。特别值得一提的是,特约审稿朱梅燕、特约编辑贾茹对本书进行了认真编校。在此一并表示衷心感谢。

笔者原本打算在写作过程中前往烈士家乡和战斗过的地方进一步搜集一些历史资料,然而因时间原因,特别是受新冠肺炎疫情影响,最终未能成行,实属遗憾。但总体而言,笔者已尽最大可能记述了烈士的重要事迹,对于升学、毕业、入党等重要时间,有的已经精确到了某月甚至某日。

今年是中国共产党成立100周年,杨峻德烈士如若有知,定会含笑九泉。希望笔者这些粗浅的工作,能够告慰英灵。

作 者
2021 年 3 月